아일랜드
그곳이 알고 싶다

아일랜드

그곳이 알고 싶다

Ireland

2017년 아일랜드에 부임한 이래 아일랜드에 관한 좋은 한국 서적들이 많이 있으나, 대부분 여행용이라는 점을 감안해 봤을 때 전문 서적은 아닐지라도 아일랜드를 좀 더 깊고 종합적으로 이해할 수 있는 서적이 있으면 좋겠다는 생각을 해 왔다.

이러한 고민을 하던 차에 코로나 19 발생으로 아일랜드에 관한 생각을 정리할 수 있는 시간을 갖고 이번에 책을 발간하게 되었다.

이번 글은 그동안 아일랜드에 관한 서적, 언론 보도, 세미나 참석, 면담 등을 통해 이해하고 있던 내용과 개인적으로 관심이 많은 북아일랜드 평화 과정에 대한 내용을 정리한 것이다.

이 책에 담겨 있을 수도 있는 잘못된 내용과 오해는 전적으로 나의 책임이고, 이번 책 내용은 순전히 나의 개인적인 생각이 담긴 것으로 정부 입장과는 무관함을 미리 밝혀 둔다.

마지막으로 이번 책 저술에 좋은 조언을 주신 여운기 전 대사님, 그리고 대사관 직원들에게 감사를 드리며, 이번 책 작업 처음부터 끝까지 적극 지지해 준 우리 가족, 특히 은구슬에게 깊은 감사를 표한다.

아일랜드는 슬픈 아일랜드이다.

침략의 역사, 식민의 역사, 이민의 역사, 억압의 역사, 분단의 역사가 그들의 역사이기 때문이다.

아일랜드는 다시 일어서는(resilient) 아일랜드이다.

힘든 과거를 극복하고, 정치적 안정을 바탕으로 경제적 성장을 거듭하면서 평화를 구축하고 세계의 중심이 되고자 하는 현재가 그러하다.

아일랜드는 잠재력이 높다.

한국이 오랜 인연을 갖고 있는 아일랜드와 미래도 동행할 수 있기를 고대한다.

아일랜드에서
곽삼주

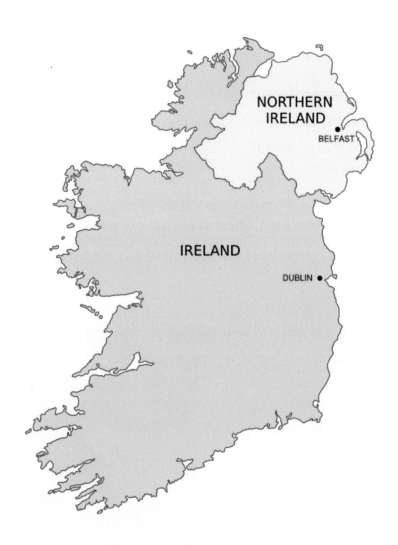

NORTHERN
IRELAND
BELFAST •

IRELAND

DUBLIN •

Cosmopolitan 길을 같이 걷고 있는
사랑하는 가족들에게(은구슬, 윤 그리고 수)

목차

남북 아일랜드 평화와 통일 그리고 한반도

한국과 아일랜드

아일랜드 역사와 그들의 정신 세계

BC 8000년-영국에서 건너온 수렵인 최초 아일랜드 정착

BC 500년-중유럽에서 건너온 켈트족 아일랜드 정착

432년-아일랜드 수호성인 페트릭 성인(St. Patrick)의 가톨릭 선교

800-900년-바이킹족 침입

1169년-앵글로-노르만족 아일랜드 침입

1541년-헨리 8세 아일랜드 왕의 칭호를 겸한 영국 왕 즉위(신교 강요)

　　　-영국 개신교 신자들의 대규모 (북)아일랜드 이주(Plantation)

1641년-영국 크롬웰의 아일랜드 구교도 반란 진압 및 개신교 개종 강요

1690년-보인 전투(Battle of the Boyne)에서 영국 오렌지 공 윌리암 승리

1782년-아일랜드 자치 투쟁으로 영국의 아일랜드 자치 의회 허용

1801년-영국으로 합방(Act of Union)

1845년-아일랜드 감자 대기근(The Great Famine) 시작

1905년-신페인당(Sinn Fein) 결성

1916년-부활절 봉기(Easter Rising)

1919년-아일랜드 독립 의회(Dail) 구성

1921년-영국-아일랜드 조약 체결 및 아일랜드 자유국(Irish Free State) 출범

1937년-아일랜드 신헌법 제정

1949년-아일랜드 공화국 출범(영연방 탈퇴) 및 NATO 비가입 결정

1955년-유엔 가입

1958년-신경제 정책 발표(특히, 외국직접투자 유치 정책)

1972년-'피의 일요일'(영국군의 북아일랜드 데리 시위대를 향한 총격으로 13명 사망)

1973년-유럽경제공동체(EEC) 가입

1979년-교황 요한 바오로 2세 아일랜드 방문

1981년-벨파스트 감옥에서 아일랜드 독립 및 수감자의 처우 개선을 주장하던
　　　　수감자 단식 농성(10명 사망)

1985년-영국-아일랜드 협정(Anglo-Irish Agreement) 체결

1998년-북아일랜드평화협정(Good Friday Agreement 혹은 Belfast Agreement)
　　　　체결

2006년-성 앤드류 협정(St. Andrews Agreement) 체결

2010년-경제 위기 발생에 따른 구제 금융 신청

2011년-영국 엘리자베스 2세 아일랜드 첫 국빈 방문

2015년-동성 결혼 찬성 국민 투표

2018년-낙태 합법화 찬성 국민 투표

2018년-교황 프란치스코 아일랜드 방문

2020년-브렉시트 효력 발생

　아일랜드 역사는 외부 세력(켈트족 등)의 침략의 역사이자, 800여 년에 걸친 영국의 식민 지배에 대한 아일랜드의 저항의 역사이며, 가톨릭 신앙의 독보적 영향 속에서 가난을 겪던 아일랜드 국민들이 경제적 빈곤을 벗어나 더 나은 미래를 찾아 해외로 떠난 이민사로 정리될 수 있다. **이러한 아일랜드의 역사는 켈트족, 게일어, 가톨릭 신앙 등 아일랜드인의 정체성과도 깊은 연관이 있다.**

1. 외부 세력의 아일랜드 침략의 역사

* Gerard Anthony Hayes-McCoy 역사학자에 따르면, **중세 시대부터 1789
년까지 아일랜드에서는 200여 차례의 군사적 충돌이 있었다**(An Atlas of Irish
History 16페이지, Ruth Dudley Edwards 著).

아일랜드는 켈트, 바이킹, 앵글로-노르만족이라는 외부 세력의 침략
을 통해 원주민들이 대체되거나 섞이면서 아일랜드 게일족 문화와 언어
를 토대로 정체성이 형성되었다. 특히, 켈트족은 매우 종교적인 민족이
었으며, 이들의 문화적 · 정서적 영향은 아직까지도 여전히 아일랜드인
들의 정체성과 국민통합의 핵심 요소로 자리 잡고 있다. 아일랜드 게일
족은 켈트족의 분파였으며, 요즘에도 아일랜드인들은 여전히 자신들을
켈트족의 후손으로 여기기도 한다.

한편, 로마 상인들은 아일랜드를 노예 중개 무역지로 활용하였고, 로
마의 역사학자 탁티투스(Tactitus)가 아일랜드를 하이버니아(Hibernia, the
Land of Winter)라고 지칭하였으나, 아일랜드는 영국 본토와 달리 로마 제
국의 직접적인 통치를 받지는 않았다고 한다.

따라서, 아일랜드 지역에서는 영국과 달리 켈트족 세계의 전통이 포
함된 켈트 기독교를 형성, 로마 가톨릭보다 덜 권위적이고 더 영적이며
자연과의 교감을 중시하는 관대한 교리를 보였으며, 도시가 발달하지

않아 수도원 중심의 가톨릭 문화가 형성되었다.

아일랜드에서는 켈트 십자가(Ireland High Cross)가 사용되고 있는데, 원형의 형상이 십자가의 교차부문에 부착되어 있다. 이는 태양과 하느님의 끊임없는 사랑을 의미한다.

한편, 스토리텔링의 구전 문화를 통해 전달되어 온 켈트족 이야기와 영국 식민 지배의 억압 상황은 아일랜드 사람들의 상상력을 더욱 자극하여 아일랜드 문학적 소양의 발판이 되었다.

이러한 배경에서 아일랜드는 이제까지 4명의 노벨 문학상 수상자 (1923년 예이츠(William Butler Yeats), 1925년 버나드 쇼(George Bernard Shaw),

1969년 베케트(Samuel Beckett), 1995년 히이니(Seamus Heaney))를 배출하였다.

* 상기 4명 이외에 제임스 조이스(James Joyce)《율리시스》, 오스카 와일드(Oscar Wilde)《도리언 그레이의 초상》, 조나단 스위프트(Jonathan Swift)《걸리버 여행기》, 브렘 스토커(Bram Stoker)《드라큘라》 등이 유명

아일랜드 사람들은 대화가 없는 침묵을 불편해하고, 끊임없이 말하기를 좋아하는데, 아마도 이러한 습관은 스토리텔링의 구전 문화와도 관련이 있지 않을까 생각해 본다. 오죽하면 아일랜드의 대표적 작가 오스카 와일드는 아일랜드인들이 그리스인 이후 최대의 만담가라고까지 자화자찬을 하였겠는가?

1998년 체결된 북아일랜드 평화 협정(성금요일 협정 혹은 벨파스트 협정) 협상 중에도 문구 중심(text-based)의 영국 측 접근과 달리 친아일랜드 진영 측은 비공식적 대화를 통한 합의 도달에 집중하였는데 이 또한 선천적으로 대화를 즐기는 아일랜드인의 구전 문화와 관련된 것이 아닐까도 생각해 본다.

또한 켈트족 문화는 영국 식민 지배 및 독립 과정에서 아일랜드 국민의 개별 종교 성향과 무관하게 아일랜드인들의 통합을 가져다준 전통 문화로서의 역할도 수행하였다.

켈트족은 이성적이고 금욕적인 앵글로 색슨족과는 달리 낭만적이고 감정에 충실하며, 높은 상상력을 가지고 있는 특징을 보였으며, 이러한 점은 영국의 식민 지배자와 다른 특성을 갖춘 피지배자의 민족주의를 대표하는 요소로 작용하였다.

이는 우리가 일제 식민 지배하에 단군 신화라는 정통성을 강조함으로 써 일제의 식민 문화를 극복하고 차별화하려고 하였던 시도와 유사하겠 다.

2. 영국의 식민 지배와 아일랜드인들의 저항

* 루크 기본즈(Luke Gibbons)의 저서 《아일랜드 문화의 전환(Transformation in Irish Culture)》 서두에서 **"아일랜드는 제1세계 국가이지만 제3세계의 기억을 가지고 있다."**라고 말한 것은 수백 년에 걸쳐 영국의 식민 지배를 받은 역사를 갖고 있는 아일랜드의 정서를 잘 대변하고 있다.

1169년 앵글로 노르만족의 아일랜드 침입부터 시작된 영국의 아일랜 드 지배는 1801년 영국의 아일랜드 합방으로 이어졌으며, 아일랜드인들 은 1916년 영국 식민 지배에 반대하여 부활절 봉기를 일으켰고, 1922년 아일랜드 자유 국가 건설을 통해 영국의 식민 지배를 종식시켰다.

영국의 아일랜드 식민 정책은 한편으로는 토지를 몰수하여 아일랜드로 이주한 영국계 주민에게 나눠 주면서(소위 Plantation 정책), 다른 한편으로는 아일랜드 국민의 다수 가톨릭 신자들을 차별하였고, 이러한 종교적, 사회적, 경제적 억압과 차별은 아일랜드의 민족주의 저항으로 이어졌다.

영국계 이주민들의 후손들은 아일랜드 토지의 대부분을 차지하고 토착 아일랜드인들은 소작인으로 전락, 높은 토지 임대료에 시달렸으며, 아일랜드 소작인들은 이러한 불공정에 대항하여 토지 동맹 등을 통해 토지 개혁을 주장하였다.

특히, 북아일랜드와 지리적으로 가까운 스코틀랜드 및 잉글랜드 개신교 신자들은 북아일랜드로 이주하여 영국의 토지 정책(Plantation)에 적극 참여함으로써 북아일랜드 지배층을 이루어 신교 중심의 북아일랜드가 형성됨으로써 가톨릭 신자가 다수였던 여타 아일랜드 지역과 다른 성향의 인구가 형성되었다.

영국은 특히 17-18세기 형법을 통해 아일랜드인의 다수를 차지하던 가톨릭 신자들을 차별하였고, 재산을 보유하거나 교육을 받거나 무기를 소유하는 것을 제한하였다. 성직이나 관직 진출이 금지되고, 선거권과 피선거권도 박탈되었다. 토지도 보유할 수 없었다.

하지만 이러한 영국의 가톨릭 신자 차별 정책은 역설적으로 가톨릭

이 바로 아일랜드 민족을 대변하고 아일랜드 국민들과의 끈끈한 연대를 불러오게 된 배경이 되었다.

다른 한편으로 식민 지배 기간 중 억압된 상황을 극복하고 정치적으로 목소리를 낼 수 없는 상황에서 그 울분을 터뜨리기 좋은 매체는 글을 통한 항거였으며, 그 때문에 일부 인사들은 아일랜드의 문화적 상상력의 원동력 중 하나로 영국의 오랜 식민 지배를 뽑기도 한다.

아일랜드 사람들은 장기간에 걸친 영국의 아일랜드 식민 지배로 인해 영국 및 영국인에 대한 열등의식을 내재적으로 갖게 되었고, 영국인들은 아일랜드와 아일랜드인들에 대해 무지하고, 무시하는 성향을 여전히 보이기도 한다.

브렉시트 국민 투표 후 영국은 아일랜드도 영국과 함께 유럽연합을 당연히 탈퇴할 것이라고 믿으면서, 남북 아일랜드 국경 협력 상황에 대해 무지한 발언과 보도를 하기도 하였다.

한편, 과거 어려웠던 양국 관계를 상징적으로 종식시킨 대표적인 사건 중 하나는 2011년 엘리자베스 2세(Elizabeth II) 여왕이 아일랜드를 국빈 방문한 것이었다. 이 방문은 1911년 조지 5세가 아일랜드를 방문한 후 100년 만에 처음으로 영국 국가 원수가 아일랜드를 방문한 역사적인 행사였다.

I. 아일랜드 역사와 그들의 정신 세계

영국 엘리자베스 2세의 아일랜드 국빈 방문은 1988년 아일랜드 축구 팀이 영국 출신 감독(Jack Charlton)의 지휘로 사상 처음 UEFA EURO 본선에 진출, 첫 게임으로 잉글랜드를 상대로 1:0으로 승리한 것과, 2001년 아일랜드의 1인당 GDP가 처음으로 영국의 1인당 GDP를 앞선 것을 기념하여 2002년 건축된 아일랜드 시내(과거 영국 넬슨 제독의 동상이 서 있던 자리) Spier 첨탑과 더불어 영국에 대한 아일랜드인들의 심리적 독립을 보여 준 좋은 사례이다.

엘리자베스 2세(Elizabeth II) 여왕은 국빈 방문 계기에 아일랜드 전쟁 기념비에서 헌화하는 등 진솔한 사과를 하고, 아일랜드와 영국 관계가 굳건한 우정에 바탕을 둔 동등한 파트너라고 연설하였다.

2011년 엘리자베스 2세 여왕의 아일랜드 전쟁 기념비 헌화 장면

약 800여 년에 걸친 영국의 식민 지배를 경험한 아일랜드 국민들은 현

재에도 권위와 법에 대해 한편으로는 존중할 수밖에 없지만 다른 한편으로는 지배 기제에 대해 그리 탐탁지 않게 여기면서 위반하고 싶어 하는 양면적 심리를 가지고 있는 것 같다.

이에 따라 아일랜드 국민들은 지배층에 대한 공개적이고 직접적인 항의와 불만 표출을 통해 잘못된 정책을 시정해 나가기보다는 자기들끼리 궁시렁거리는 형태의 간접적 불평 표시에 그치는 모습이 내면화되었다.

이러한 모습은 사회적 문제에 대해 개인적으로 내면화된 형태를 띠면서, 다른 국가들보다 상대적으로 아일랜드 사회의 소비자 주권 약화를 유발한 요인이 되지 않았나 생각해 본다.

사실 2010년 경제 위기 발생 후 도입된 정부 긴축 경제 정책에 대해서도 불구하고 조직화된 노조 시위나 비판적인 담론이 발생하지 않았다는 점은 아일랜드 국민들의 이러한 태도를 볼 때 그리 놀랄 만한 일은 아닌 것 같다.

또한 아일랜드인들이 마당이 있는 주택을 선호하고, 부동산 시장에서 매매 시장이 임대 시장보다 더 발달해 높은 수요를 보이고 있는 이유를 영국에 의해 땅을 몰수당하던 슬픈 식민지 역사에서 찾는 이들도 있다. 즉, 영국 식민 지배 기간 몰수를 당하지 않으려는 토지에 대한 욕구가 여전히 현재에도 이어지고 있다고 보는 것이다.

반면에, 과거 오랫동안 약자로서 경험한 식민 지배는 국제 사회에서 약자를 지지하는 경향을 보여 왔다. 대표적으로 이스라엘-팔레스타인 이슈에서 팔레스타인의 입장을 더 배려하는 국민 여론을 들 수 있으며, 이러한 국민 정서는 아일랜드 정부의 이스라엘-팔레스타인 정책 방향에 영향을 주고 있다.

이러한 아일랜드 내 팔레스타인 명분에 대한 높은 지지는 아일랜드 의회 건물에 걸려있는 히긴스(Michael D. Higgins) 아일랜드 현 대통령의 초상화에 팔레스타인의 국기가 포함되어 있다는 사실에서도 엿볼 수 있다.

한편, 우리가 일제 강점기 한국어 말살 정책을 거치면서 한국어가 독립운동의 중요 요소가 되었듯이 아일랜드 사람들의 게일어에 대한 애착도 이러한 식민 지배와 연관시켜 생각해 볼 수 있다. 아일랜드 독립 후 탈영국화의 대표적인 요소가 바로 게일어 사용 권장에 있었다.

아일랜드 헌법에 따르면, 제1 공용어는 게일어이며, 제2 공용어는 영어이다. 실제 생활에서 게일어를 주로 사용하는 지역은 아일랜드 북서부 및 서부 지역 등에 한정되어 있고 게일어를 자유자재로 구사하는 인구도 20%를 넘지 않는 것으로 알려져 있지만, 게일어는 대학 입학 시험의 주요 과목 중 하나이며, 아일랜드 국민 정체성을 형성하는 대표적인 요소로 볼 수 있다. 또한 여전히 국영방송(RTE)에서는 일정 시간대에 게일어 방송 시간이 배정되어 있다.

GAA(Gaelic Athletic Association, 게일릭 스포츠 협회) 또한 아일랜드 가톨릭 교회와 더불어 아일랜드가 여타 국가들과 구별되는 대표적인 요소이다.

19세기 말 운영되기 시작한 GAA는 영국 지배층의 스포츠 유입(축구, 럭비 등)에 반대하고, 아일랜드 전통적인 게일릭 축구, 헐링 등을 적극 권장하기 위해서 만들어진 지역 사회 스포츠 클럽이다.

영국의 식민 지배 반대 단체들은 식민 지배 기간 동안 스포츠 활동을 적극 활용해 아일랜드인들이 집회를 할 수 있는 좋은 계기로 삼았다,

GAA 조직이 모든 가톨릭 교구에 확산되자 가톨릭 수호성인의 이름을 따서 해당 지역의 GAA 이름을 짓는 등 가톨릭과 GAA 간 협력 체제가 형성되었다.

현재는 아일랜드 국내 및 해외에 약 2,000개 이상의 GAA 클럽이 운영되고 있으며, 한국에서도 GAA 클럽이 활동 중에 있다.

GAA 엠블렘

아일랜드 전통 스포츠 헐링 (Hurling) 장면

아일랜드인들은 국내외 어느 지역으로 이사를 가든 GAA를 통해 많은 도움을 받으면서 소속감과 안정을 느끼고 쉽게 새로운 사회에 적응해 나간다.

GAA 특징은 프로팀으로 운영되지 않고 순수 아마추어 성격을 유지하면서, 지역 사회의 자원봉사 활동과 연계되어 있다는 점이다. 이번 코로나 19가 발생하였을 때에도 GAA는 노약자 대상으로 식품을 수시로 배달해 주는 등 특히 농촌 지역에서 그 역할을 톡톡히 하였다.

남녀노소를 불문하고 대부분의 아일랜드인들은 GAA 회원으로 주말마다 GAA를 중심으로 스포츠 활동을 하기 때문에 회원 수도 많고 영향력도 매우 높아 시 의회 의원, 국회 의원들도 GAA와의 관계 구축 및 유지에 매우 적극적이다.

이러한 GAA의 영향력을 감안, 아일랜드 현지에 진출한 우리 기업들은 사회 공헌 사업(Corporate Social Responsibility) 대상으로 GAA를 적극 활용할 필요가 있고, 영어를 배우러 온 한국인들도 GAA를 통하면 아일랜드 문화를 확실히 직접 체험할 수 있다.

3. 가톨릭 신앙의 독보적 영향

* 나의 이름은 패트릭입니다. **나는 죄인이며, 단순한 시골 사람이고, 믿음이 있는 사람 중에 제일 부족한 사람입니다.** "My name is Patrick. I am a sinner, a simple country person and the least of all believers"(패트릭 성인 《고백록》에서)

아일랜드에 가톨릭 신앙을 전해 준 것으로 알려진 패트릭 성인은 원래 영국의 조세 징수인의 아들로 태어나 16살(415년)에 인신매매단에 의해 아일랜드에 노예로 팔려 왔다가 영국으로 탈출하였다.

하지만 패트릭 성인은 영국으로 탈출한 후 꿈속에서 신의 계시를 받고 아일랜드로 다시 돌아와 아일랜드 지방 군주들을 설득, 지방 군주와 아일랜드 국민들을 가톨릭으로 개종시키는 등 성공적인 포교 활동을 한

인물이다.

패트릭 성인상

* 아일랜드 수호성인 패트릭 성인이 오른손에 들고 있는 것은 아일랜드 상징인 샴록(Shamrock, 토끼풀)이다. 패트릭 성인이 가톨릭 교리를 설명하기 위해 아일랜드 전역에 넓게 펼쳐져 있던 녹색 잔디에 피어 있던 샴록을 뽑아 들고 성삼위일체(성부와 성자와 성령이 하나)를 설명하였다고 한다.

특히 로마 가톨릭의 중심이 비잔틴 제국으로 옮겨간 후 켈틱 가톨릭은 로마 가톨릭 본연의 모습을 유지하였고, 수많은 아일랜드 선교사들이 유럽 대륙으로 건너가 가톨릭을 전파함으로써 아일랜드는 유럽 기독교 문화의 중심지(일명 유럽의 수도원) 중 하나가 되었다.

한편, 유럽 대륙과 영국은 종교 개혁을 통해 지배자(황제)의 종교가 곧 그곳의 종교가 되는 형태(cuius regio, eius religio, 왕국 내에서는 그 왕국 소유자의 종교를 믿는다는 의미)를 띠었다. 하지만, 아일랜드에서는 특이하게도 (영국) 지배층은 개신교를 믿는 반면, 일반 국민들은 가톨릭 신앙을 믿었다. 그리고 이러한 가톨릭 신앙은 아일랜드의 영국 식민 지배로부터의 독립운동을 대변하고 지지하는 종교 역할을 하게 된다.

즉, 식민 시대 아일랜드 대부분의 국민이 가톨릭 신자였으며, 가톨릭은 식민 지배층인 영국의 개신교와 대별되는 요소로서 영국으로부터의 독립운동에서 상징적이고 실질적인 역할을 하였다. 그리고 독립 이후에도 아직 정비되지 못한 국가의 역할을 대신하여 사회 보장, 교육 등의 사회 전반에 있어서 가톨릭이 그 역할을 수행하게 되며, 막강한 국내 영향력을 행사하게 된다.

이러한 아일랜드 내 가톨릭의 위상은 오늘날에도 여전히 남아 있다. 예를 들어, 아일랜드의 첫 재외 공관은 1929년 설립된 바티칸 주재 대사관이었으며, 교황청 대사도 1930년 아일랜드에 외교 사절로는 처음으로 부임하게 된다. 현재도 여전히 아일랜드 내 외교단장은 일반적인 외교 관행인 부임 기간에 따라 결정되는 것이 아니라 교황청 대사가 맡고 있다.

비록 1990년대 들어 가톨릭 사제들이 비밀리에 자식을 두었던 사건, 아동 성 추문 등이 밝혀져 그 권위가 많이 추락하였고, 변화하는 사회 윤리의 추세에 부합하지 못하여 가톨릭 신앙이 약화된 측면이 있지만 여전히 가톨릭이 아일랜드의 공식·비공식적인 삶에 미치는 영향은 무시할 수 없다.

2020년 코로나 19 사태 발생 이후 아일랜드 국영 방송인 RTE는 매일 아침 10:30-11:00 가톨릭 미사 집전을 생방송으로 보내면서, 매일 미사에 참석하지 못하는 아일랜드인들을 배려하기도 하였다.

우리나라에서의 불교와 유사하게 가톨릭이 아일랜드에서는 생활의 중요한 한 부분을 차지하고 있는 것이다. 아일랜드인들의 겸손하고 위계질서에 대한 순응적 태도를 보이는 성향은 가톨릭 조직 및 성직자의 높은 권위, 그리고 세상의 잘못은 나의 원죄이며 내 탓이라는(mea culpa) 성경 말씀과도 관련을 지어 볼 수 있겠다.

* 아일랜드 여자 복싱 영웅(5년 연속 아마추어 챔피언, 2012년 런던 올림픽 금메달리스트, WBA, WBC, WBO, IBF 라이트급 챔피언) 케이티 테일러(Katie Taylor)가 좋아하는 성경 시편 18편
"하느님께서 나에게 힘이 되어 주시고,
나의 길을 온전하게 놓아 주셨네.
내 발을 암사슴 같게 하시고,
높은 곳에 나를 세워 주셨으며,
내 손에 전투를 익혀 주시고,
내 팔이 청동 활을 당기게 하셨네."

저자는 아일랜드가 화려하지는 않지만, 가톨릭 신앙 안에서 목가적이면서 자연과 함께하는 삶을 살면서 행복해하는 이들을 자주 접하게 되는데, 이럴 때마다 **한국에서 유행하는 말 중 하나인 "소·확·행"의 대표적인 나라가 아일랜드가 아닐까 생각해 본다.**

일반적으로 '아일랜드인'이라고 하면 폭력적이고 강한 인상을 가지고 있으나, 이러한 인식은 아일랜드인이 호전적인 켈트족 및 바이킹족의 후예이며, 술을 먹고 싸움에 휘말리는 경우가 많고, 1960-2000년대의 북아일랜드에서 무장 테러 발생이 많았다는 데서 기인한 단편적인 것으로 보인다.

한편, 가톨릭 사회의 억압된 성 윤리 의식은 자유로운 젊은 영혼의 내면에 깊은 영향을 미쳐 반항적이고, 죄의식의 두려움을 주었고, 이는 비극과 갈등의 끊임없는 소재가 되어 문학적 상상력의 원천이 되기도 하였다.

4. 해외 이민의 역사

아일랜드 사회를 여타 사회와 구별 짓는 대표적인 요소 중 하나는 해외 이민의 역사로 점철된 사회라는 것이다.

* 존 F 케네디(John Fitzgerald Kennedy) 대통령이 현직 미 대통령으로서는 처음으로 아일랜드를 방문하여 실시한 아일랜드 의회 연설(1963. 6. 28.) 내용 중

- "저는 자유 아일랜드 국가의 자유 의회에서 귀빈으로 연설하게 되어 이를 영광으로 생각합니다. 만약 이 나라가 현재의 정치 · 경제적인 지위를 100년 전에 가지고 있었다면 나의 증조부가 아일랜드(New Ross)를 떠났을 리가 없었을 것이고, 나는 (아일랜드 국회 의원인) 여러분들처럼 이곳 의회에 앉아 있었을 수도 있을 것입니다. 물론 여러분의 대통령이 미국 브루클린을 떠나지 않았다면, 그는 아마도 나 대신에 이곳에서 미국 대통령으로서 연설하고 있을 수도 있습니다."(*Eamon De Valera 아일랜드 대통령은 미국 뉴욕 브루클린 태생 아일랜드인)

- "미국과 아일랜드 양국은 거리는 떨어져 있지만, 역사에 의해 연결되어 있습니다. (중략) 제임스 조이스(James Joyce) 시인이 대서양을 고통스런 눈물의 사발로 묘사하면서, 떠나가는 그들에게 머무르라고 말할 수 없다고 묘사한 것은 놀라운 일이 아닙니다."

* '장티푸스 메리'로 알려진 메리 멜런(Mary Mallon, 1869-1939)은 아일랜드에서 태어나 미국으로 이주하였고, 이주 후 생계를 위해 부잣집에서 요리사로서 일을 하였는데, 무증상의 장티푸스 보균자였다. 이로 인해서 멜런이 근무하였던 여러 집을 통해서 장티푸스균이 50명 이상에게 전파되었으며, '장티푸스 메리'라는 명칭이 나왔다. 그녀는 공중 보건(public health) 교과서에 빠지지 않고 나오는 등장인물이 되었다.

2019년 말 기준 국내 인구가 5백만 명이 되지 않음에도 불구하고, 미국, 영국, 캐나다, 호주, 뉴질랜드 등 해외 거주 재외 동포는 7천만 명에 달해 아일랜드 인구의 10배가 넘는 규모이다.

이는 1845년 감자 대기근 발생 이래 경제적으로 피폐하였던 아일랜드를 떠난 아일랜드인 이민자 수가 아일랜드로 유입되는 외국인 이민자 수보다 항상 많아 발생한 결과이다.

특히, 1845-1850년간 아일랜드 감자 역병 발생 및 영국의 무관심과 방치 정책으로 아일랜드 내 식량이 부족하여 1841년 인구는 820만 명에서 1851년에는 650만 명으로 줄었다(소위 감자 대기근, The Great Famine).

감자 대기근 당시를 묘사한 조각상(리피강 동쪽 항구 위치)

전체 인구 중 170만 명이 굶어 죽거나 미국, 캐나다, 호주 등으로 해외 이민을 가게 되었으며, 그로 인해 1911년에는 인구가 440만 명에 불과하였다. 감자 대기근 이후 미국 뉴욕에 거주하는 아일랜드인이 아일랜드 더블린 거주 인구보다 많았다고 한다.

아일랜드에는 펍(pub) 문화가 발달되어 있는데, 감자 대기근으로 인해 식량이 부족하였던 상황에서 출산율을 줄이는 목적으로 결혼을 하지 않거나 늦게 하였으며, 이에 노총각들이 늘어남에 따라 여가시간을 보낼 장소로서 펍이 등장하였다고 보는 이들도 있다.

* 아일랜드 대기근과 미국 원주민의 기부금
- 1847년 미국 원주민 차타(Choctaw)족은 아일랜드 대기근으로 인한 아일랜드 국민들의 고통을 접하고, 1830년대 자신들이 미시시피에서 오클라호마로 강제 이주하는 동안 동족의 1/4을 잃었던 고통을 회상하면서, 아일랜드에 170 미불(지금의 약 5천 미불 상당)을 기여하였다.
- 이에 2020년 아일랜드인들은 미국 원주민들이 코로나 19로 인한 피해가 높다는 점을 듣고 자선 모금 운동에 적극 동참하였다.

당시 유럽 최대의 부강한 나라 영국(아일랜드는 당시 영국에 귀속된 상황)에서 빈곤으로 인해 백만 명이 굶어 죽는 것은 영국의 의도적인 정책이 아니면 불가능한 것이었으며, 이로 인해 아일랜드인들의 영국에 대한 독립 투쟁이 더욱 과격화되었고 영국은 아일랜드 지배의 정통성을 잃게 된다.

1997년 총선에서 승리한 토니 블레어(Tony Blair) 영국 총리가 북아일랜드 평화협상 성공을 위해 취한 화해의 제스처 중 하나는 아일랜드 대기근에 대한 사과 표명이었다.

아일랜드는 19세기 동안 해외 이민으로 인한 인구 유출로 인해 전체

인구의 감소가 발생한 유일한 유럽 국가이며, 이러한 현상은 1960년대
까지 지속되었다.

1881-2018년 이민 유출입 증감

기간	이민 유출입 증감	기간	이민 유출입 증감
1881-1891년	-597,325명	1971-1979년	+108,936명
1926-1936년	-166,751명	1986년	-71,800명
1951-1961년	-408,766명	1992년	+7,400명
1961-1966년	-80,605명	2002년	+41,300명
1966-1971년	-53,906명	2018년	+34,000명

* 출처 : ≪An Atlas of Irish History≫ 및 2020. 5. 2. Irish Times 기사

역사적으로 영국으로의 이민은 1840년대 감자 대기근 이민, 산업 혁
명 당시 저렴한 노동력으로서의 이민, 제1, 2차 세계 대전 참전, 소위 라
이언에어(Ryanair) 및 IT 세대 이민(아일랜드 경제 발전에 따른 젊은 층의 이
민) 등으로 이어졌으며 현재 아일랜드계 영국인은 전체 인구의 20% 정
도에 달하는 것으로 알려져 있다.

아일랜드인들 중 영국 프로 축구팀 리버풀과 맨체스터 팬들이 많은데
이는 이곳에 아일랜드계 이민자가 많기 때문이기도 하다.

반면, 미국으로의 이민은 17세기 초부터 시작하여 감자 대기근 등을
거치면서 대규모로 이뤄졌는데, 주로 대서양에 가까운 미 동북부 지역

Ⅰ. 아일랜드 역사와 그들의 정신 세계

(뉴욕, 메사추세츠, 펜실베니아 등)에 아일랜드계가 많다. 특히, 보스턴은 남북 아일랜드 32개 주에 이어 아일랜드 33번째 주라고 불릴 정도이다.

* 아일랜드계 미국 대통령 24명: 앤드류 잭슨(7대), 제임스 녹스 폴크(11대), 제임스 부캐넌(15대), 앤드류 존슨(17대), 율리시스 그랜트(18대), 체스터 아더(21대), 그로버 클리블랜드(22대), 벤자민 해리슨(23대), 그로버 클리블랜드(24대), 윌리엄 맥캔지(25대), 디오도르 루스벨트(26대), 윌리엄 하워드 태프트(27대), 우드로 윌슨(28대), 워렌 하딩(29대), 해리 트루만(33대), 존 에프 케네디(35대), 리차드 닉슨(37대), 지미 카터(39대), 로널드 레이건(40대), 조지 부시 시니어(41대), 빌 클린턴(42대), 조지 부시 주니어(43대), 바락 오바마(44대), 조 바이든(46대 당선)

물론 미국, 영국 등 해외로 이민을 떠난 아일랜드 국민 모두가 부유하고 성공적인 삶만을 살고 있는 것은 아니다. 예를 들어, 미국에는 아직도 합법적인 비자 없이 불법 체류 중인 아일랜드인들이 1만여 명이 살고 있는 것으로 추정되며, 영국에는 아일랜드 정부의 재정적 지원을 받는 빈곤한 노령층 아일랜드계도 상당수 존재하고 있다.

이러한 긴 이민 역사를 통해 아일랜드 국민들이 해외 이민의 어려움을 잘 이해하고 있어서 그런지 아일랜드 내로 이주하여 온 외국인들은 여타 국가들보다 차별이 그리 높지 않다고 느낀다.

2016년 인구 조사 결과에 따르면, 아일랜드 전체 인구 중 535,475명이 원래 아일랜드인이 아니면서 아일랜드로 이민을 온 사람들(전체 인구의 약 11.6%)로서, 최근 아일랜드 인구가 점차 다양해지고 있다.

2017년 10월 아일랜드 경제사회연구소(Economic and Social Research Institute) 보고서에 따르면, 1996-2016년간 아일랜드 인구는 31%가 증가한 반면, EU 평균 인구 증가는 6%에 그쳤으며, 2016-2030년간 인구가 25% 증가할 것으로 예상되는데 그 주된 이유는 아일랜드 경제 활황에 따른 이민자 유입이다.

19세기 중반 아일랜드 대기근 역경을 극복하고 해외, 특히 영어권 국가로 이주하여 그 나라의 주류로 성장해 나가는 과정은 아일랜드인들의 생존 및 복원력(resilience)을 잘 보여 주는 역사라 하겠다.

과거의 고통스런 역사가 현재에는 자랑스럽고 적극 활용할 수 있는 재외 동포의 자산이 되었다.

예를 들어 2020년 코로나 19가 발생하자 해외에서 거주하던 수백 명의 아일랜드계 의사, 간호사 등 의료진들이 아일랜드를 돕기 위해 자발적으로 자비를 들여 아일랜드에 귀국하기도 하였다.

또한 가난을 피해 미국으로 새로운 삶을 찾아 떠난 아일랜드계인들은 미국 유권자로서 성장하여 1998년 북아일랜드 평화협상 과정, 협정 체결과 이행과정에서 미국의 긍정적 역할을 담보하는 데 있어서 큰 역할을 하였다.

미국선거에서 아일랜드 유권자는 미국 정치인들의 지지 확보 대상 중 하나이며, 이는 미국 내 아일랜드의 정치적 영향력으로 이어진다. 다만, 이민 초기 친민주당 성향의 아일랜드계 유권자들은 점차 미국사회의 기득권층으로 변모함에 따라 이제는 민주당뿐만 아니라 공화당 지지층으로 고르게 분포되어 있다. 미국 내 Irish American Republicans은 친공화당 아일랜드계 조직이며, Irish American Democrats는 친민주당 아일랜드계 조직인데, 양측은 아일랜드 관련 이슈에서 서로 긴밀히 협조한다. 미국 의회에서는 상하원 의원들이 Friends of Ireland Caucus를 구성, 활발한 활동을 하고 있다.

우리에게 아직까지 많이 알려져 있지는 않지만 더블린 리피 강 북쪽에 인접해 있는 아일랜드 이민 박물관(EPIC 박물관)을 방문하면 아일랜드의 역사, 문화, 사회, 이민과 관련된 역사를 한눈에 쉽게 이해할 수 있을 것이다.

한편, 매년 8월이면 전 세계 아일랜드계 여성들이 참여하는 트랄리 장

미 미인 선발 대회(Rose of Tralee)가 아일랜드 남서부 트랄리(Tralee)에서 개최된다.

1959년부터 시작된 이 대회는 단지 미모만 보는 것이 아니라 지성을 갖추고 자신의 내적인 미를 보여 주는 여성을 그해의 대표 미인으로 선발하고, 대표 미인은 그 이후 1년간 전 세계를 무대로 활동하는데, 이를 통해 참가자들은 아일랜드계로서 유대감을 높이게 된다.

아일랜드의 재외 동포 정책은 최근 재외 동포들이 젊고, 보다 이동성이 증가하여, 미국 및 영국 중심에서 아시아, 중동 지역으로 확대되고 있으며, 차세대 등장에 따른 세대 간 차이로 인해 고국 아일랜드에 대한 관심이 저하되는 도전에 직면해 있기도 하다.

아일랜드 재외 동포 정책 중 특기할 만한 내용으로는 재외 동포를 아일랜드가 활용할 자산이자 빈곤 및 노령층에 대한 지원대상으로 인식하고, 매년 재외 동포 복지 사업(Emigrant Support Programme)에 수십억 원을 지원하고 있다는 점이다. 또한 아일랜드에서 유학 경험이 있는 외국인들도 확대된 재외동포에 포함시켜 지속 관리하고 있다. 로빈슨(Mary Robinson) 대통령 시기(1990-1997)부터 대통령 집무실에 1년 365일 재외동포의 복지와 건강을 기원하는 촛불을 설치, 유지하고 있는 것도 눈에 띄는 노력이다.

위에서 살펴본 바와 같이 외부 세력의 침략 및 영국의 식민 지배, 가톨릭의 억압적 문화, 슬픈 이민의 역사는 아일랜드의 마음에서 지워질 수 없는 요소들이기도 하지만 어찌 보면 과거에 해당한다고도 볼 수 있다.

이러한 과거는 아일랜드인들의 오랜 습관과 행동 양식의 저변을 이해하는 데 좋은 요소들이지만, 아일랜드 사회 경제가 보다 발전함에 따라 보다 개방적이고 자신감이 넘치는 새로운 아일랜드 세대들이 등장하고 있다는 점에서 새로운 변화의 흐름도 놓치지 말아야 한다.

* 2015년 Behaviour and Attitudes 여론 조사 결과
· 78%가 삶에 만족하며, 67%가 아일랜드인으로서 자부심을 느낀다고 답변
· 교회 주말 미사 참석률: 1995년 73% 對 2015년 22%
· 낙태 반대: 1995년 53% 對 2015년 32%
· 이혼 반대: 1995년 28% 對 2015년 13%

* 유엔 인간 개발 지수: 1990년 세계 24위 → 2019년 세계 3위

* 국민 1인당 하루 지출액(Irish Times, 2019. 4. 20.)
· 1979년 아일랜드 7.29유로, 독일 14.51유로, 네덜란드 13.30유로
· 2019년 아일랜드 53.49유로, 독일 57.49유로, 네덜란드 51.49유로

* Eurobarometer 조사 결과(2018년)
· 이민에 대한 호감도(아일랜드 80%로 EU 최고 수준, EU 평균은 40.7%)

자신감 넘치고 개방적이며, 변화하는 아일랜드를 대표하는 상징적 인물은 2018년 5월 첫째 주 타임지에 100대 인물 중 한 명으로 소개된 리오 바라드카(Leo Varadkar) 아일랜드 전 총리(2017-2020)이다.

인도계 부친(의사)과 아일랜드계 모친(간호사) 사이에서 태어난 바라드카 전 총리는 아일랜드 최연소 총리(1979년생)로서 성 소수자로서의 자신의 정체성을 공개적으로 밝히고, 동성 결혼 및 낙태 합법화를 위한 국민 투표를 적극 이끄는 등 보수적인 가톨릭 아일랜드 사회의 변화를 가장 극적으로 보여 주는 인물이다.

아일랜드의 개방성과 자신감을 보여 주는 또 한 명의 인물로 그룹 U2의 리드 보컬인 Bono이다. 그는 가수로서 뿐만 아니라 난민, 기아, 질병 퇴출, 평화 사업 등에 적극적인 활동을 하고 있는 사회운동가로서, 그 국제적 명성이 매우 높으며, 아일랜드의 안보리 비상임 이사국 선거 운동, 코로나 19 개인보호장비 확보 과정에서도 중요한 역할을 한 아일랜드의 외교적 자산이다.

Ⅰ. 아일랜드 역사와 그들의 정신 세계

아일랜드의 오늘

* 1919년 1월 아일랜드 첫 의회의 세계 자유 국가들에 대한 메시지: "우선 아일랜드는 대서양의 입구(gateway)이다. 아일랜드는 서부를 향한 유럽의 전초 기지이며 아일랜드는 동부와 서부를 잇는 무역로의 중요한 지점에 위치하고 있다."

* 2019년 1월 아일랜드 바라드카 총리의 재외 공관장 회의 연설 중: "**지난 100년간 우리는 서부 유럽의 주변에 위치한 섬나라에 불과했다. 하지만 향후 100년간은 유럽의 한가운데 위치한 국가이자 세계의 중심에 선 섬나라가 될 것이다.**"

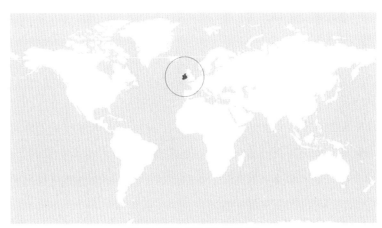

미국과 유럽을 잇고 있는 아일랜드

아일랜드는 지정학적으로 유럽 대륙 중심부에서 벗어나 있는 유럽 서쪽의 섬나라이며(유럽의 주변부), 유럽 강대국 중 하나인 영국에 인접해 있는 국가이고(영국으로의 구심력), 서쪽은 절벽으로 대서양에 접하고 있다.

아일랜드는 섬나라다. 섬나라는 여타 대륙 국가와 달리 섬 전체가 단일의 독특한 문화와 정체성을 갖는 것이 자연스럽다. 하지만 아일랜드는 분단된 섬나라다. 이 분단은 영국의 지배에 기인하며, 이에 아일랜드 역사에서는 민족 통일, 민족 독립의 테마가 주된 정치적 담론이 되어 왔다.

이러한 배경에서 아일랜드는 영국에 대한 반작용이자 대안으로 유럽 대륙과 더불어 유엔이라는 다자 외교에 의존하고, 군사적으로도 중립주의 정책을 펼치게 된다.

즉, 아일랜드는 영국을 적대시하던 유럽 대륙의 패권국들에게는 영국을 침공하기 위한 전략적 요충지가 될 수 있으며, 역사적으로 유럽 대륙으로부터 침략을 우려했던 영국에게는 아일랜드가 안보장 주요 취약요소에 해당하였다. 이에 반해 정치 · 경제 · 문화적으로 영국의 영향력하에 있을 수밖에 없는 아일랜드로서는 영국의 구심력에서 벗어나기 위해서 유럽 대륙의 힘을 구하게 된다.

또한 아일랜드는 국제 연맹 시기부터 다자 외교를 통해 소국인 자신들의 대외 영향력을 극대화하는 데 주력해 오는 것이 몸에 배어 있으며, 제2차 세계 대전에서 영국 및 미국 등의 설득에도 불구, 군사 중립주의를 고수하였고, 지금도 나토에 가입하지 않은 국가이다.

한편으로, 교통의 발달과 아일랜드 이민자의 북미 이주, 미국 다국적 기업의 아일랜드 진출 등으로 인해, 과거 공백으로 남아 있던 서쪽 대서양에 위치한 미국의 영향이 아일랜드에 직접적으로 미치게 되었다.

따라서 결론적으로 현재 아일랜드를 지탱하는 정치외교 · 경제 · 사회문화 등에서 4개의 핵심 기둥은 유럽연합, 영국, 미국, 유엔이며, 이 4개의 핵심 기둥을 중심으로 소국인 아일랜드는 대외적 영향력 확대를 위해 노력하고 있다.

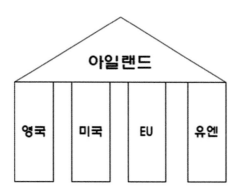

영국은 역사적으로 모든 분야에 있어서 아일랜드에 절대적 영향을 미쳐 온 인근 강대국이며, 이러한 지정학적인 운명은 바뀔 수 없는 상수이다. 아일랜드와 영국은 힘의 크기상 비대칭적인 관계가 지속되어 왔고, 이러한 비대칭적 관계를 극복하여 대등한 관계로 변화되는 중요한 기제는 바로 유럽경제공동체(EEC) 가입에 있었다.

1973년 당시 아일랜드 총리 잭 린치(Jack Lynch)는 아일랜드의 EU 가입을 로빈슨 크루소가 드디어 섬을 탈출하게 된 것으로 묘사하기도 하였다.

아일랜드는 EU 가입으로 EU 농업보조금(CAP)을 지원받아 낙후된 농촌을 살리면서, 도로 건설 등 뒤처진 사회 인프라를 건설할 수 있었다.

* EUBAROMETER의 2019년 여론 조사 결과 아일랜드 국민의 83%가 아일랜드의 EU 회원국에 대해 긍정적 반응을 보였고, 88%

II. 아일랜드의 오늘

가 EU 회원국으로 인해 아일랜드가 혜택을 보고 있다고 답변

* 1973년 EEC 가입 당시 아일랜드는 1인당 GDP가 EU 평균 53%에 불과(EU 회원국 9개국 중 최저)하였으나, 2017년 아일랜드의 1인당 GDP는 EU 평균 184%으로 상승(EU 회원국 28개국 중 2위)

아일랜드는 영국과 동일하게 유럽연합의 회원국 중 하나로 활동하면서, 대등한 관계로 성장하게 되었다.

특히, 영국의 브렉시트 국민 투표 이후 아일랜드는 유럽연합을 적극 지지하는 회원국임을 적극 공언하면서, 브렉시트 협상 과정에서 유럽연합의 일원으로 영국을 압박함으로써 오히려 힘의 우위에 서서 영국과 협상을 하게 된다.

역사적으로 오래전부터 아일랜드는 영국에 대항하여 스페인, 프랑스, 독일, 교황 세력 등 유럽 대륙 강국이 자신을 도와주러 올 수 있다는 판타지를 가지고 있었고, 브렉시트 협상 과정 중에 이러한 판타지가 현실이 되는 경험을 하였다고 볼 수도 있겠다.

브렉시트 1단계 협상 과정 중에 아일랜드의 적극적이고 민첩한 외교를 통해 북아일랜드 평화가 EU의 중요 외교성과이자 소중한 자산이라는 점을 부각시켜, 북아일랜드 평화 과정 및 국경 문제를 EU 협상 전략의 핵심 요소로 만들어 영국의 양보를 받아 낸 것은 높이 평가할 만하다.

또한 아일랜드 정부는 북아일랜드 평화 협상에 깊숙이 개입한 미국 측에도 브렉시트로 인해 남북 아일랜드 평화가 무너져서는 안 된다는 논리로 미국 의회의 여론을 움직여 브렉시트 이후 미국과 영국의 FTA를 추진하고 있는 영국을 간접적으로 압박하는 외교전략을 취하고 있다.

아무튼 아일랜드는 브렉시트 이후에도 유럽연합에 남는 것이 자신의 대외 영향력을 극대화할 수 있는 것으로 판단하고 있으며, 지정학적으로 바로 옆에 위치한 영국과도 긴밀한 관계를 유지하는 전략을 취하고 있다.

한편, 애플, 마이크로소프트, 구글, 페이스북, 트위터, 링크드인, IBM, 인텔, 존슨앤존슨, 아보트, 엘러간, MSD, 보스턴사이언티픽, 스트라이커 등 약 700여 개의 미 다국적 기업이 아일랜드에 진출, 아일랜드를 먹여 살리는 핵심적 역할을 하고 있다.

미국계 다국적 기업의 아일랜드 내 투자

① 아일랜드 내 미국계 다국적 기업 700개 이상
② 미국계 다국적 기업이 고용한 직접 및 간접 고용 인력 25만 명 이상
③ 미국계 다국적 기업의 아일랜드 투자 총액 4,460억 미 달러 이상

또한 미국인 10명 중 1명꼴인 약 3천 5백만 명(2017년 인구 조사 결과 3,260만 명이 아일랜드계로 답변)이 아일랜드계 미국인이며, 이러한 미국 내 영향력은 아일랜드 대외 정책의 또 다른 핵심 요소로 작동하고 있다.

* 2020년 미 행정부, 사법부 및 입법부 아일랜드계 고위 인사 : 마이크 펜스 (Mike Pence) 부통령, 마이크 멀베이니(Mick Mulvaney) 전 백악관 비서실장 대행(현 북아일랜드 미국 특사), 로버트 오브라이언(Robert O'Brien) 백악관 국가안보보좌관, 윌리엄 바(William Barr) 법무부 장관, 로버트 라이트하이저 (Robert Lighthizer) 미국 무역 대표, 존 로버트(John Robert) 대법원장, 닐 고서치(Neil Gorsuch) 대법관, 브렛 카바나(Brett Kavanaugh) 대법관, 리차드 닐 (Richard Neal) 하원 세입세출위원장, 피터 킹(Peter King) 하원 의원, 브렌단 보일(Brendan Boyle) 하원 의원, 조 케네디 3세(Joe Kennedy III) 하원 의원 등

2000년 당시 아일랜드 기업부 장관이던 댄 화이트(Dan White)는 미국 변호사 협회 연설에서 지리적으로는 아일랜드가 보스턴보다는 베를린 에 더 가깝지만, 정신적으로는 베를린보다는 보스턴에 훨씬 더 가깝다 고 하였는데, 이는 아일랜드의 기업 문화 및 사회 가치관이 유럽 대륙보 다는 미국, 영국 등 앵글로 색슨과 더 유사하다는 것을 잘 보여 주는 말 이다.

이러한 이유 때문에 아일랜드는 유럽의 경제(European economy)가 아니라 대서양 경제(Atlantic economy)에 가깝다는 주장도 나오고 있다.

특히, 매년 3월 17일 아일랜드 국경일에는 아일랜드 총리가 워싱턴을 방문하여, 미 대통령과 정상 회담, 부통령 주최 조찬, 미 하원 의장 주최 오찬, 백악관 주최 샴록 전달식 및 리셉션에 참석하는 등 전 세계에서 유일하게 아일랜드만을 위한 행사가 2-3일간 워싱턴에서 매년 개최된다.

2013년 백악관 주최 샴록 전달식   2019년 백악관 주최 샴록 전달식

역사학자 David Fitzpatrick에 따르면, 800여 년에 걸친 영국의 아일랜드 식민 지배가 아일랜드의 영국화(Anglicisation)를 가져왔다면, 1845년 감자 대기근 이래 북미 지역으로의 대규모 이민은 미국의 정치, 경제, 사회, 문화가 아일랜드에 영향력을 확대하는 미국화(Americanisation)를 진행시켰다.

이에 브렉시트 이후 영국의 유럽연합 이탈에 따라 영국을 대신하여 미국과 유럽연합 간 의사소통의 채널로서 아일랜드 활용론도 등장하고 있다.

일부 인사들은 코로나 19 대응 과정에서 아일랜드가 영국의 정책이 아니라 EU의 지침에 따라 독자적이고 적극적으로 대응한 것은 위기 상황 시 아일랜드가 영국의 정책을 참고하던 과거의 전통에서 벗어나고 있음을 보여 주는 또 다른 사례로 해석하기도 한다. 더 이상 영국의 기준(standard)이 세계의 기준(standard)이 아니라는 점을 극명하게 보여 준다.

하지만, 브렉시트 및 코로나 19 대응 과정에서 아일랜드가 탈영국, 친EU적인 정책으로 무게의 추가 바뀌어 가고 있는 것에 대해 우려를 제기하는 미국 측 인사들도 있다는 점을 염두에 둘 필요가 있다.

사실 그간 아일랜드의 성공은 미국, 영국, EU 간에 자유무역 등에 대한 동일한 생각(convergence)을 갖고 있었기 때문에 가능한 것이었으나, 최근 브렉시트(영국 對 EU), 무역분쟁(미국 對 EU) 등은 미국, 영국이 EU와 다른 길을 가고자 하는 점(divergence)을 시사한다는 점에서 아일랜드에게는 큰 도전이 될 수 있다.

한편, 소국인 아일랜드는 인권, 법치, 핵무기 비확산 등의 철학을 바탕으로 유엔을 주 무대로 한 다자주의를 대외 정책의 핵심으로 삼고 있으며, 평균 20년 주기 꼴로 유엔 안보리 비상임 이사국에 진출, 대외 영향력을 확대하고 있다.

　* 1955년 유엔에 가입한 이래 20년 단위(1962년, 1981년, 2001년, 2021년)로 안보리 비상임 이사국 진출

　* 1958년부터 국제 사회의 핵무기 비확산 관련 유엔 총회 결의 안을 주도하였고, 이러한 기여를 인정받아 1968년 모스크바에서 개최된 비확산조약(NPT) 서명식에 초청을 받아 첫 서명국의 역할을 수행

　특히, 아일랜드는 유엔 평화 유지군 활동(PKO)에도 적극 참여 중이며, 1958년 첫 파병 이후 한 차례 중단도 없이 계속해서 PKO를 파병한 유일한 국가로 알려져 있다. 다만, 아일랜드는 군사 중립주의에 따라 PKO 파병을 위해서는 안보리 결의, 내각 결정 및 의회 승인이라는 3가지 요건을 갖춰야 한다.

　사실 소국인 아일랜드의 다자주의 중시 외교 정책은 이미 1920년대 국제연맹(League of Nations) 시절까지 거슬러 올라가는데, 아일랜드는 외교적으로 영국의 그늘에 있었음에도 불구하고 1930-1933년간 국제연맹 이사회 멤버로 선출, 활약하기도 하였으며, 1931년 만주를 침략한 일본을 제재하는 데 찬성하기도 한다.

　이처럼 아일랜드는 자신들이 가지고 있는 국력보다도 더 높은 대외

영향력을 행사하고 있으며, 이 점에서 유럽의 주변부에 위치한 소국이지만, 세계의 중심이 되고자 하는 글로벌 외교 전략(Global Ireland 2025)은 매우 적극적이고 능동적이며, 이는 바람직한 시도로 보인다.

* 아일랜드 글로벌 외교 전략 2025: 아일랜드의 글로벌 영향력을 2025년까지 2배로 확대하기 위해서 △대사관 및 총영사관 신설, 기존 공관에 대한 인력 증원(2018년 80여 개에서 → 2025년까지 100개 이상으로 확대), △2030년까지 해외 원조 규모를 GNI 대비 0.7%로 확대(현재 약 0.33%), △뉴욕, 파리, 런던 소재 문화 센터와 협력 강화, 문화홍보관 파견 확대, 문화 대사 임명, △아일랜드계 7천만 명의 재외 동포와의 유대 강화, △항공 및 항구 간 연결 강화, △국제 학생 유치 확대(2025년까지 전체 학생 중 15%를 외국인 학생으로 충원, 연간 27억 유로 수입 달성) 등

2020년 7월 18일자 이코노미스트 주간지는 △아일랜드의 유엔 안보리 비상임 이사국 진출(캐나다 낙선), △아일랜드 재무장관의 유로그룹 의장 선출(스페인 후보 낙선) 등 최근 아일랜드의 외교적 성공을 언급하면서, 아일랜드를 "소국이지만 외교 분야의 수퍼파워(A tiny diplomatic superpower)"라고 지칭하기도 하였다.

2. 아일랜드 정치: 분단의 정치, 이성의 정치

· 의원내각제, 상하원 양원제(하원 5년 임기 160명, 상원 5년 임기 60명)
· 통일당(Fine Gael), 공화당(Fianna Fail), 신페인당, 녹색당, 노동당 등으로 정당 구성

아일랜드는 의원 내각제로 정치 권력의 핵심은 총리에게 있고, 160명의 하원 중심으로 의원 내각제로 운영되며, 상원은 입법 과정에서 일정한 권한이 있음에도 불구, 폐지 여론이 존재하는 등 큰 힘을 발휘하지 못하고 있다.

* 의회 관련 게일어 용어: 의회(오락터스, Oireachtas), 하원(도일 에어런, Dail Eireann), 하원 의원 TD(차타돌라, Teachta Dala), 하원 의장(키어온 콜라, Ceann Comhairle), 상원(센나드 에어런, Seanad Eireann), 상원 의장(카히어락, Cathaoirleach)

아일랜드의 두 양대 정당인 공화당(Fianna Fail, 게일어로 '운명의 전사')과 통일당(Fine Gael, 게일어로 '아일랜드 민족')은 사실 신페인당(Sinn Fein, 게일어로 '우리 자신')에서 떨어져 나온 정당들이다.

아일랜드의 각 정당들은 아일랜드 독립 과정 중 남북아일랜드 분단 상황을 받아들이면서까지 독립해야 하는지(1921년 Anglo-Irish Agreement 지지) 여부, 영국 여왕에 대한 충성 서약 수용 여부 등 아일랜드가 영국

으로부터 독립하는 과정 중에 상이한 입장을 취한 데 따른 정파들의 산물이다.

따라서 아일랜드 정당들은 이념적 성향에 따라 구별되는 좌우 정당의 형태가 아니라 1920년대 아일랜드 독립 당시에 분리된 형태의 정당들이 아직까지 유지되고 있는 소위 포괄 정당(catch-all)들로 볼 수 있다.

역사적으로 아일랜드는 공화당과 통일당이라는 거대 양당이 번갈아가면서 정부를 구성하였고, 노동당이 중간 규모여서 2.5 정치 시스템으로 불려왔으나, 2010년 국가 부도 사태 이후 기성 정치권에 대한 유권자들의 불신으로 공화당과 통일당의 의석수 및 지지율이 급감하였다.

* 현 거대 양당인 공화당과 통일당이 등장한 1937년 총선 이후 2020년 33대 총선까지 총 25차례의 총선 중 공화당은 17차례(단독 13차례, 연정 4차례), 통일당은 8차례(모두 연정) 집권

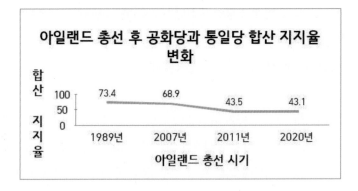

특히, 2020년 2월 총선에서 과거 집권 가능성이 거의 없다고 여겨지던 신페인당이 37석으로 공화당의 38석에 이어 다수 의석을 차지하고, 집권 통일당은 35석으로 제3당으로 주저앉았으며, 6석 확보에 그친 노동당은 신페인당과 녹색당(12석) 등에게 좌파 대표 주자의 역할을 넘기게 되는 등 아일랜드 정치 구도에 일대 지각 변동이 발생하였다.

　아일랜드 독립 이후 양대 정당이자 중도 우파 정책을 보여 온 공화당과 통일당이 번갈아 가면서 집권하여 왔으나, 2020. 6. 27. 공화당과 통일당이 녹색당과 함께 연정에 모두 참여함으로써 여 · 야가 대체로 우파와 좌파 진영으로 나뉘게 되었고, 신페인당이 제1야당의 역할을 맡게 되었다.

정당별 정치 성향: 극좌 0 ↔ 10 극우

1	2	3	4	5	6	7	8	9	10
S-PBP	신페인당 / 사회민주당	녹색당	노동당	공화당	통일당				

Business Post지 2020. 6. 7.자 16면 참조

　정책적 차이가 크지 않은 공화당과 통일당이 한 개의 우파정당으로 통합되고, 신페인당 등 좌파정당이 부상할 경우, 이념에 따라 우파와 좌파로 아일랜드 정당구조가 재편될지는 향후 아일랜드 정치의 주요 관전 포인트 중 하나이다.

한편, 미국, 영국 등 전 세계에 포퓰리즘이 팽배하고 있는 최근의 추세에 비추어 보면, 통일당과 공화당이 주류 정치권으로서 무게 중심을 잡고, 정권 변화와 달리 안정적인 정책과 대안을 제시하는 모습은 매우 인상적이다.

이러한 대표적인 사례는 브렉시트 탈퇴에 관한 협상 과정 중 바라드카 총리가 EU와 영국 간 이견을 조정, 현실적인 타협안을 제시하여 파국을 면하는 장면을 들 수 있다.

EU 탈퇴협정 합의가 결정적 분수령이 되었던 2019년 10월 10일 존슨 총리와 바라드카 총리 회동

또한, 코로나 바이러스 대응에 있어 바라드카 총리가 3. 17 대국민 담화를 통해 국민들의 협조와 여타 국가들과의 협력 공조의 필요성을 진

솔하면서도 강하게 어필함으로써, 자국 이기주의를 우선시하던 여타 세계 지도자들과 대비되었던 장면도 들 수 있다.

신페인당 등 야당들도 브렉스트 협상 및 코로나 19 대응 과정 중에 국내 당파적 이득보다는 집권 통일당의 위기 극복과 대응에 힘을 실어 주는 모습을 보였는데 세계 각국의 포퓰리즘 추세에 비추어 보면, 이는 특이한 외방인(outlier)으로 생각될 정도이다.

참고로, 아일랜드 선거제도는 단기 이양식 비례 대표제이다. 각 지역구별로 3-5명의 하원 의원을 선출하는데, 기준표 수를 초과하여 득표한 후보가 당선된 후 당선 후보의 잉여표를 여타 후보에게 이양하고, 이양 후 기준표 수를 초과한 또 다른 후보가 선출되는 방식을 채택하고 있다. 이 제도는 역사적으로 친영국파이던 아일랜드 내 소수파를 보호하기 위해 채택된 것으로서, 획득 득표수와 선출 의원의 비율이 거의 정확히 일치하고, 소수 정당에게 유리하나, 개표 시간이 오래 소요되는 단점이 있다.

아일랜드 정치에서 또 하나의 독특한 제도는 시민 의회(Citizen's Assembly)로 불리는 숙의 민주주의(Deliberative Democracy) 제도를 들 수 있다.

정치는 결국 사회 문제를 여·야 합의에 따라 해결책을 제시하는 것이 주된 목적이나, 정치 양극화 등으로 인해 합의를 이루지 못하는 경우가 빈발하자 아일랜드는 시민 의회 제도를 도입하여 사회의 다양한 구성원을 대표하는 시민 대표들이 여·야의 정치적 이해관계를 떠나 전문 지식과 합리성을 바탕으로 현안에 대한 해결 방안을 의회에 제시하는 제도를 운영하고 있다.

물론 의회 민주주의 제도가 있음에도 불구하고, 민주주의 제도권 밖에 있는 시민 의회 제도에 과도하게 의존하는 것은 민주주의를 침해하며, 국회가 최선의 민주주의 제도라는 비판도 있다.

하지만, 시민 의회 설치는 국회가 승인하고, 시민 의회는 제한된 의제와 제한된 활동 시기(6개월)를 토대로 국회에 권고적 의견만을 제시함에 따라 기존 국회 시스템에 침해가 되지 않는 방향으로 권한을 설정함으로써 국회 의원들의 반발을 최소화하고 있다.

* 아일랜드 적용 사례

① 헌법 회의(Convention on the Constitution 2012-2014년)

- 8개 주제(대통령 임기를 7년에서 5년으로 제한, 선거 연령을 17세로 인하 여부, 선거 제도 개혁, 재외 국민의 대선 참여 여부, 동성 결혼, 가정 내 여성의 역할, 중상모욕죄에 대한 헌법 개정, 여성의 정치 참여 등)에 대해 논의
- 100명이 국민 대표로 참여(33명은 국회 의원, 66명은 일반 국민 대표)
- 주요 성과: 동성 결혼 합법화 의견 제시 → 2015년 국민 투표로 동성 결혼 합법화

② 시민 의회(Citizen's Assembly 2016-2018년)

- 5개 주제(헌법 8차 개정(낙태 금지) 조항 개정, 노령화 사회 대책, 기후 변화 대응, 국민 투표 절차, 의원 임기 보장제 도입)에 대해 논의
- 100명의 회원으로 구성(정부 임명 위원장 및 각 이슈별로 99명의 일반 국민)
- 주요 성과: 낙태 금지 폐지 의견 제시 → 2018년 국민 투표로 낙태 금지 헌법 조항 폐지

③ 시민 의회(Citizen's Assembly 2019-2020년)

- 2개 주제(양성 평등 및 더블린 시 정부 운영)에 대해 논의
- 100명의 국민 대표가 참여하는 가운데 운영 중

※ 일반 국민대표 선발 : 민간 회사의 용역을 통해 무작위로 선발된 일반 국민 대표는 연령, 성별, 사회계급 및 지역적 균형이 반영되어야 함.

더욱 양극화되고 타협의 여지가 점차 없어지고 있는 한국의 정치 상황을 감안할 때 아일랜드가 적극 활용하고 있는 숙의 민주주의 제도를 도입하여 일반 시민 및 전문가들의 이성과 토론을 바탕으로 국가적 현안에 대한 해결 방안을 모색하는 것도 고민해 볼 필요가 있겠다.

3. 아일랜드 경제: 외국직접투자(FDI)의 명암

아일랜드 내 다국적 기업

○ 제약 회사: Pfizer, Roche, Novartis, MSD, Teva, GlaxoSmithKline, Johnson & Johnson, Abbvie, Bistrol-Myers Squibb, Gilead, Allergan, Takeda 등

○ 의료 기기 회사: Medtronic, Johnson & Johnson, Abbott, Philips, Stryker, Baxter, Boston Scientific 등

○ 금융 서비스 회사: JP Morgan Bank, Barclays, Bank of America, Apex, Allianz, Citi Bank, HSBC 등

○ IT 및 소프트웨어: Apple, Google, Facebook, IBM, Intel, Dell, MicroSoft, Oracle, Paypal, Siemens, Synopsis, Verizon, Workday, Xerox, HP 등

아일랜드 1인당 GDP 79,259 미불(2019년), 다국적 기업의 아일랜드 내 직간접 고용 인력 318,000명(2017년), 미 다국적 기업이 아일랜드 법인세 총 110억 유로 중 60억 유로 납부(2019년)

아일랜드 경제 발전의 역사는 다국적 기업 유치 前과 유치 後로 나뉘어 설명될 수 있을 정도로, 다국적 기업이 아일랜드 정치, 경제, 사회 등전 분야에 미친 영향은 지대하다.

성공적인 다국적 기업 유치를 통해 아일랜드는 경제 기반 업그레이드, 대규모 자본 및 기술 이전, 정치적인 안정, 기대 수명, 중산층 및 교육 성취도 확대와 더불어 조그만 섬으로서의 지리적 제약을 극복하고 명실상부한 무역국으로서 발돋움하는 데 성공할 수 있었다.

아일랜드는 1922년 독립 이후 1950년대까지도 해외 투자 유치, 무역 등 개방 경제 및 산업화를 지향하기보다는 자급자족적인 목가적 농업국가를 이상향으로 여겼다. 산업화와 물질적 풍요를 추구하는 영국과 달리 아일랜드는 보다 높은 윤리적 수준을 유지한다는 도덕적 자존심으로 버티었다.

이로 인해, 제2차 세계 대전 종료 후 마샬 플랜 등으로 유럽 대륙 국가들이 높은 경제 성장을 이룬 것과 대조적으로 아일랜드에서는 저조한 경제 성장이 이어졌다. 이러한 낙후된 경제는 1951-1961년간 아일랜드전체 인구 약 3백만여 명 중 약 40여만 명이 해외로 이민을 떠나는 상황으로 이어지게 되었다.

하지만, 1950년내 후반 위텍커(T.K. Whitaker) 고위 경제 관료와 레머스(Sean Lemass) 총리는 기존 농업 중심 자족주의 경제 정책을 버리고, 자유

무역 등을 골자로 한 개방 경제를 적극 추진, 경제 성장의 기반을 닦았다.

이러한 경제 정책 전환은 외국 기업의 아일랜드 투자와 1973년 아일랜드의 유럽경제공동체(EEC) 가입을 가능하게 한 정책적 기반이 되었다.

특히 IT 기업들이 본격적으로 세계 경제 주도 세력이 된 1980년대 후반부터 인텔, 델을 필두로 미국 다국적 기업의 대거 아일랜드 유입에 따라 1994-2000년까지 연평균 약 10%의 고도 경제 성장을 이루게 되었다.

그리하여 아일랜드는 과거 유럽의 병자(the sick man of Europe)라는 오명에서 벗어나 켈틱 타이거(Celtic Tiger)의 경제라고 칭송되는 유럽의 모델 국가가 되었다.

이 시기를 거치면서 2001년 아일랜드의 1인당 GDP가 5만 달러로 급상승하게 되어 영국의 1인당 GDP를 넘어서게 되고, 보다 개방적이고 관대한 사회로 변모되어 그간 영국에 대해 가지고 있던 열등감을 극복할 수 있는 물적 토대가 마련되었다.

하지만, 아일랜드는 2010년 부동산 버블 경제의 파탄과 금융권 붕괴에 따라 경제 위기를 겪었고, 이러한 경제 위기를 다국적 기업의 아일랜드 투자 유치 확대(2009년부터 2013년까지 아일랜드 GDP의 61%인 1,250억 유로 유입)로 재차 극복하여 2013년 금융 위기 종료 후 다시 고도의 경제 성장을 기록하게 된다(소위 켈틱 피닉스(Celtic Pheonix) 경제).

1960-1980년대까지만 해도 노조의 임금 투쟁으로 사회 혼란도 있었으나, 노조는 1987년부터 3년마다 7차례에 걸쳐 이뤄진 노동자, 고용주, 정부, 시민 단체가 참여한 사회 연대 협약(Social Partnership Agreement)을 체결하여 경쟁력 강화 및 사회 안정에 기여하였고, 1990년대부터는 IT 글로벌 기업 유입, 2010년 경제 위기, 최근의 Gig 경제로 아일랜드 내 노조의 위력이 크게 축소되었다.

이처럼 아일랜드는 경제 성장과 고용이 외국직접투자(FDI)에 크게 의존하고 있는 소규모 개방 경제이다. 아일랜드 경제에 대한 외국직접투자의 기여는 매우 광범위하며, 모든 민간 부문 고용의 20%가 직간접적으로 외국직접투자에 기인하는 것으로 추정된다.

또한 외국직접투자는 국가 재정에 상당한 세수에 기여하고 있으며(법인세의 80% 정도를 다국적 기업이 납부), 경제 전반에 걸쳐 다른 상업 활동을 창출하고, 연구와 혁신에 대한 투자를 촉진하는 데 도움이 된다.

현재 아일랜드는 300,000명 이상의 직원을 직간접 고용하는 1,200개가 넘는 해외 다국적 기업들의 본거지다. 아일랜드는 ICT, 생명과학, 금융 서비스, 엔지니어링, 비즈니스 서비스 등의 분야에서 기업을 계속 유치하고 있다.

대표적인 아일랜드 진출 미 다국적 기업 (2019. 7. 3. Irish Times, 2018년 통계 기준)

기업 이름	판매액(미불)	고용 인력(명)
Apple	1,190억	6,000
Google	321억	3,338
Medtronic	266억	86,000
Eaton Corp	192억	97,000
Facebook	187억	4,500
Microsoft	185억	2,000
Allergan	140억	16,900

나라별 외국직접투자 현황을 살펴보면, 미국이 단연 아일랜드의 제1의 투자국이며, 그 뒤를 영국, 일본, 프랑스 등이 잇고 있다. 저부가 가치의 활동이 연구 개발과 공학, 정보 통신 기술, 제약, 의료 기술 등 고급 서비스로 대체되는 등 FDI의 구조도 변화하고 있다.

OECD는 2020. 4월 발표를 통해 아일랜드가 제약 및 의료 기기를 수출하고, IT 서비스를 제공하는 경제 구조를 보유하고 있어서 여타 국가들에 비해 그나마 코로나 19로 인한 부정적 영향이 적을 것으로 평가하기도 하였다.

아일랜드에서 경제적 충격이 발생하면 그 충격을 완화시키고, 극복할 수 있는 요소는 아일랜드에 투자되어 있는 다국적 기업들이라고 볼 수 있다.

아일랜드의 국가별 외국인 직접투자현황

국가	투자금액(미불)
미국	6,304억
아일랜드(이전 미국/버뮤다)	1,824억
영국	149억
일본	133억
프랑스	121억
버뮤다	113억
총 외국인직접투자	8,740

* 출처: CSO, Foreign Direct Investment Annual (2018년 기준)

GDP 대비 외국인 직접투자 비율

국가	GDP 대비 FDI 비율(%)
아일랜드	269.6
룩셈부르크	211.3
네덜란드	184.4
프랑스	29.7
독일	23.5
EU 평균	56

* 출처: CSO, Foreign Direct Investment Annual (2018년 기준)

아일랜드가 외국직접투자를 유치·유지할 수 있었던 것은 수십 년 동안 정부의 일관된 정책 결정과 여타 많은 요인에 기인한다.

아일랜드 외국직접투자의 장점은 유럽 시장으로의 접근성, 12.5%의 낮은 법인세율, EU 국가 중 영국을 제외한 유일한 영어 사용 국가, 유연한 고학력 인력, 영미법, 안정적인 정치 및 경제 시스템, 아일랜드 내 기존의 외국직접투자 성공 사례 등을 꼽을 수 있다.

IDA(Industrial Development Agency, 아일랜드 투자 진흥청)과 Enterprise Ireland(아일랜드 무역 진흥청)는 아일랜드에서 외국인 투자를 성장시키고 유지하는 임무를 맡고 있는 양대 투자 및 무역 진흥 기관으로 한국의 대한무역투자진흥공사(KOTRA)에 해당한다.

이 기관은 외부 잠재 투자자와 기존 투자자들과 제휴하여 그들이 아일랜드 내에서 사업을 설립하거나 확장하는 것을 도와주고 있다.

* 아일랜드 정부의 3대 법인세 혜택

① 지적 재산권 세금 감가상각: 아일랜드 유입 지적 재산권 및 아일랜드 내 창출 지적재 산권에 대한 법인세 12.5%에 대해 15년간 2-7% 감가상각 부여

② R&D 세금 혜택: 아일랜드 내 연구 개발 활동에 대해 법인세 12.5% 면제 및 25% 세금 환급이 가능하여 총 37.5%의 세금 혜택 부여

③ 지식 개발(KDB: Knowledge Development Box) 혜택: 아일랜드 내 새로운 지적 재산권 창출에 따른 이익에 대해 실효 법인세 6.25% 부여

2019. 8월 발표된 미국 경제 분석청(Bureau of Economic Analysis)의 연

간 보고서에 따르면, 2017년 미 다국적 기업은 EU 전체 이익의 1/3 정도인 740억 유로의 이익을 아일랜드에서 거두었으며, 아일랜드 내 미 다국적 기업의 실효 법인세는 4.3%에 불과한 것으로 드러났다.

이러한 이유 때문에 브렉시트 이후 영국의 대안 신생 금융 중심지로 떠오르는 유럽 거점 중 더블린이 금융 회사 유치를 주도하고 있다.

* 2016년 브렉시트 국민 투표 후 런던에서 더블린으로 사무소를 이전하거나 더블린에 신규 사무소를 개설한 대표적인 회사: JP Morgan, Bank of America Merrill Lynch, Barclays, Legal & General, XL Insurance, Beazley, Legg Mason, Aberdeen Standard Investment, Baillie Gifford 등

아일랜드가 유럽 경제 및 우호적인 과세(법인세 12.5%)에 유인을 느껴 아일랜드로 진출한 다수의 다국적 기업들로 인해 경제적 이익을 누리고 있는 반면, 이런 다국적 기업들의 기업 전략 변경에 크게 영향을 받을 수밖에 없는 의존적인 개방 경제라는 취약성도 갖고 있다.

아일랜드 수출의 30%가 5개 다국적 기업, 수출의 75%가 50개 회사로부터 나온 것이다. 또한 10개의 다국적 기업이 아일랜드 법인세의 약 40%를 납부하고 있다(아일랜드 국가 경쟁력 위원회 2018년 보고서).

또한 아일랜드 국내 시장은 상대적으로 규모가 작아서 인건비에 대한 부담이 점점 커지고 있고, 세계적으로 법인세 개혁의 요구가 높아지고

있음에 따라 장기적으로 아일랜드의 해외투자유치 전략이 지속 가능한 지에 대해 의문이 제기되기도 한다.

2015년 다국적 기업들이 조세 피난처를 악용한 탈세에 대한 비판 여론이 높아지자, 낮은 법인세를 유지하고 있던 아일랜드에 지적 재산권과 관련된 대규모 이익을 송금하자 아일랜드는 26.3%의 경제 성장률을 기록하였다. 아일랜드 국세청에 따르면, 2015년 당시 아일랜드 무형 자산에 대한 자본 소득이 10배로 증가(27억 유로 → 289억 유로)하였다.

이에 미국 경제학자 폴 크루그만(Paul Krugman) 교수는 아일랜드 경제를 아일랜드 요정의 이름을 딴 레프러콘 경제(leprechaun economy)라고 조롱하기도 하였다.

* 레프러콘 요정은 아일랜드를 대표하는 장난꾸러기 요정으로 자신의 보물을 무지개가 땅과 만나는 부분에 묻어 놓기 때문에 요정이 알고 있는 무지개의 끝에 가면 보물을 찾을 수 있다고 한다.

Leprechaun 요정

낮은 법인세 및 각종 세제혜택으로 인해 아일랜드는 유럽연합 내에서 조차도 조세 피난처라고 비판을 받고 있다. 애플사가 아일랜드 정부로부터 130억 유로 규모의 불법적인 조세 특혜를 받았으므로 아일랜드 정부가 이를 환수하여야 한다는 2016년 8월 유럽연합 집행위의 결정이 그 대표적인 사례이다.

즉, 아일랜드는 두 차례(1991년 및 2007년) 결정을 통해 아일랜드 소재 애플 자회사가 경제적 실질을 갖추지 못한 페이퍼 컴퍼니인 본사에 영업 이익을 이전하도록 허용함에 따라 실효세율(영업 이익 대비 실제 납부 세액)이 2003년 1%에서 2014년 0.005%로 감소하였는데, 이것은 세법상 특혜로서 불법 국가 보조금에 해당한다는 결정이다.

따라서 아일랜드 정부는 2003년-2014년간 애플사가 미납부한 130억 유로와 이에 따른 이자를 환수하여야 한다는 결정이었다.

이에 대해 아일랜드 정부는 우선 유럽연합의 결정에 대한 존중 차원에서 공탁 계정을 개설하여 애플사로부터 약 140억 유로를 예치하면서도, 애플사와 함께 유럽연합 집행위 결정이 부당하다고 유럽 재판소에 항소를 제기하였다.

EU 일반 재판소는 2020년 7월 15일 판결을 통해 애플사가 아일랜드 정부의 불법 국가 보조금에 해당하는 선별적 특혜를 누렸다는 것을 유럽연합 집행위가 증명하지 못하였다면서, 상기 유럽 집행위 결정이 무효라고 판단하였으나, 조세 피난처라는 아일랜드의 대외적 이미지가 더욱 자리 잡게 되었다.

한편, 구글 등 아일랜드 소재 다국적 기업들은 "Double Irish with Dutch Sandwich"라는 조세 회피수법을 통해 막대한 절세 이익을 얻고 있었다. 즉, 아일랜드 세제상 로열티 이전에 대한 세금혜택을 활용하여 유럽 내 매출을 아일랜드 → 네덜란드 → 아일랜드 → 버뮤다 등으로 이전시키면서 세금규모를 최소화시켰다. 하지만, 이에 대한 비판이 커지자 아일랜드는 2014년 세법 개정을 통해 이러한 조세회피 제도를 2020년 말까지만 유지하기로 하였다.

다수 경제 전문가들은 낮은 법인세를 통한 외국 기업 유치를 토대로 경제 성장을 이뤄온 기존의 아일랜드 경제 정책 모델의 지속 가능성에 의문을 제기하고 있다.

향후 유럽 및 OECD의 법인세 개혁, 미국 조세 인하 조치, 글로벌 무역 분쟁 증가 및 탈세계화(deglobalization) 기조로 인해 아일랜드가 해외 직접투자(FDI)의 감소의 도전에 직면할 것으로 예상되기 때문이다.

또 다른 문제 중 하나는 토착 국내 기업과 다국적 기업 간 격차가 현격하게 커서 장기적으로 아일랜드 경쟁력에 큰 장애물이 될 것으로 예상된다는 점이다.

* 2020년 아일랜드 국가 경쟁력 위원회에 따르면, 2017년 아일랜드 내 다국적 기업의 생산성은 6.1%인데 반해, 여타 기업의 생산성은 0.6%에 불과

예를 들어 다국적 제조업체의 종업원 1인당 부가 가치는 75만 유로에 달하는 반면, 토착 농업 부문은 6만 5천 유로에 불과하고, 상위 10개 다국적 기업의 부가 가치가 아일랜드 산업 부문에서는 전체의 87%, 서비스업에서는 94%에 달한다.

한편, 코로나 19 발생 이후 아일랜드 소재 미국 제약 회사 및 의료 기기 회사들(Johnson & Johnson, Roche, Pfizer, Novartis, AbbVie 등)은 대외 수출, 특히 미국에 대한 수출이 크게 확대되었다. 최근 WTO 발표에 따르면, 아일랜드는 세계 3위의 제약 및 의료 기기 수출국이며, 아일랜드 내 90여 개의 제약 공장 중 50여 개가 미국 FDA의 승인을 받은 것으로 알려져 있다.

최근 트럼프 미 대통령은 아일랜드에 진출해 있는 미 제약 회사가 미국으로 되돌아와야 한다는 입장을 거듭 밝혀, 아일랜드의 외국투자유치 전략에 장애가 발생할 수 있다는 우려의 목소리도 나오고 있으나, 최소한 단기적으로는 아일랜드 미 제약 회사의 미국으로의 이전은 기존 투자 비용 등을 감안했을 때 쉽지 않을 것으로 전망된다.

또한 최근 보호주의, 탈세계화, 공급망의 디커플링, 각자도생의 시대가 도래하고 있다는 전망이 나오고 있는데, 소국 개방 무역 경제를 갖고 있는 아일랜드로서는 큰 도전이 될 것으로 보인다.

미 다국적 기업이 아일랜드 경제에서 차지하는 비중을 고려하면 세계

공급망의 디커플링이 가속화될 경우, 결국 아일랜드 경제는 미래의 불확실한 중국 시장보다는 기존의 확실한 미국과의 가치 사슬을 중시하는 방향으로 진행될 것으로 예상해 볼 수 있겠다.

4. 가톨릭의 이상향?

아일랜드 국민 중 가톨릭 신자 비율

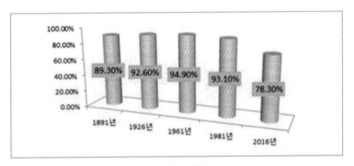

아일랜드 중앙통계청 자료

2016년 아일랜드 중앙통계청(CSO)에 따르면, 아일랜드 국민의 78%가 가톨릭 신자라고 답하였다. 1961년 95%가 가톨릭 신자라고 한 답변에 비해 가톨릭 신자의 숫자가 크게 줄었으며, 성당 미사 참가자도 주로 노년층이다. 집안 중 성직자 배출을 자랑으로 여기던 과거와 달리, 이제는 아일랜드인 성직자 후보자를 찾는 게 쉽지 않다.

역사적으로 아일랜드 사회에서 가톨릭의 영향력은 막강하였으며, 특히 출생에서 사망, 교육에서 보건, 결혼 및 이혼, 성, 낙태, 장례 등 거의 모든 도덕적·윤리적 문제에 있어서 가톨릭 사제들의 독점적 영향력을 상대할 수 있는 제도나 집단이 없었다.

법적으로는 정치와 종교가 분리되었으나, 독립과 국가 건설 과정에서 가톨릭과 아일랜드 국가는 거의 동일시되었으며, 국가와 교회의 협력 체제가 구축되어, 총리조차도 가톨릭 대주교와 상의하여 주요 현안에 대한 정책 방향을 정하기도 하였다.

> * 1943년 발레라(de Valera) 총리 국경일 연설을 보면, 아일랜드의 이상향을 가톨릭이 지배하고, 반물질주의적이며, 목가적인 농촌사회로 묘사하고 있다.
>
> "우리가 꿈꿔 온 이상적인 아일랜드는 올바른 삶을 위한 기초로서, 검소하면서도 여유 시간을 정신적인 것에 바치는 사람들의 고향이다. 농촌은 편안한 농가로 빛나며, 들판과 마을은 노동의 즐거운 소리가 들리고, 신체적으로 튼튼한 아이들이 뛰어놀면서 젊은이들이 체육 활동을 즐기며, 행복한 여자들의 웃음소리가 나오고, 화로 옆에는 노인들의 지혜가 펼쳐지는 장이다. 간단히 말해, 이상적인 아일랜드란 신이 원하는 인간의 삶을 살고 있는 사람들의 고향인 것이다."

특히, 가톨릭은 아일랜드 식민 지배 당시 영국에 저항하여 아일랜드 국민들과 함께한 역사를 갖고 있으며, 아일랜드가 독립한 후에도 게일어 진흥과 함께 식민 지배 문화를 탈피하는 대표적인 이념적, 정책적 수단이었다.

현실 생활에서도 식민 지배 당시 영국이 방치하던 국가의 역할을 가톨릭이 맡아 왔으며, 독립 후에도 국가가 제대로 된 역할을 못 할 때 그 공백을 가톨릭이 국가 내의 또 다른 국가로서 교육, 사회 보장 역할을 적극 수행함으로써 사회 유지에 중추적 역할을 하였다.

지금까지도 약 3천여 개가 넘는 초등학교의 90%가 가톨릭 재단 소속이다. 하지만 가톨릭 신자가 아니면 집 근처 가톨릭 재단 소속 초등학교 대기자 순위에서 밀리게 되는 등 사회적 문제(소위 Baptism Barrier)를 불러일으키기도 한다.

아일랜드인들의 신앙심의 토대인 가톨릭 문화가 세속화되고 있는 상황 속에서도 아일랜드 사회에서 성직자, 성당의 역할은 여전히 남아 있다.

하지만, 과거 은밀하게 이뤄졌던 가톨릭 사제의 혼외자 자식 공개 및 , 아동 성 학대 발생, 가톨릭 수녀원의 미혼모 강제 세탁소 운영 등이 1990년대 들어서 밝혀지기 시작하면서, 그간 가톨릭 교계의 침묵, 사건 은폐 등이 세상에 드러났고, 이는 아일랜드 국민들의 가톨릭 불신으로 이어졌다.

아일랜드에서 삶의 이상향은 5-6세기 금욕적인 수도자의 삶으로서 성 문제와 관련해서는 침묵하고 감추며 공개적으로 거론하지 말아야 하는 금기 언어로 여겨졌다.

이러한 문화로 인해 가톨릭 조직에서는 성직자의 아동 성 학대 문제를 다루는 것이 두려웠을 것이고, 이 내용이 공개되었을 때 아일랜드 사회에 큰 충격으로 다가왔을 것으로 생각된다.

　또한 미혼모와 그 자녀들처럼 가톨릭 사회 질서 및 규범에서 벗어나 순응하지 않았던 이들을 비윤리적 대상으로 삼아 강제 노동 등을 통해 교육하고 순화해야 한다고 믿었으며, 그리하여 미혼모 강제 노동이 이뤄졌던 것이다.

> * 가톨릭 성직자 아동 성 학대 조사결과(Cloyne 보고서)에 대한 아일랜드 케니 총리(Enda Kenny) 발언 내용(2011. 7. 20.)
>
> "클로인(Cloyne) 보고서 내용은 아일랜드 정부, 아일랜드 가톨릭, 바티칸을 유례 없는 길로 이끌었다. 이전 라이언(Ryan) 보고서(2009) 및 머피(Murphy) 보고서(2009)에서는 아동 학대가 있었다는 점이 밝혀졌지만, 이번 아동 성 학대에 관한 클로인(Cloyne) 보고서는 교황청이 아일랜드 정부의 조사를 좌절시키려 한 시도를 담고 있고 교황청의 기능 장애, 단절, 엘리트주의, 나르시시즘 문화를 보여 주고 있다."

　이러한 스캔들을 보면 '절대적인 권력은 절대적으로 부패한다'는 경구가 아일랜드의 가톨릭에도 그대로 적용된다고 하겠다.

　가톨릭의 스캔들과 더불어 아일랜드 경제 성장에 따른 국민 의식 성장과 국가의 역할 증대로 인해 기존에 가톨릭이 독보적으로 갖고 있던 일반 국민 생활에 미치는 영향이 점차 축소되었다는 점도 아일랜드 국민들의 가톨릭에 대한 인식 변화의 토대가 되었다.

한편, 경제 발전에 따른 TV 등 대중 매체의 보급, 1967년 중 · 고등학교 무료 교육 제도 도입에 따른 국민들의 지적 수준 향상, 여성의 권리 향상 등으로 인해 그간 가톨릭이 갖고 있던 정보 독점이 더 이상 유지될 수 없게 되고 국민들은 보다 자유롭고 이성적인 생각으로 가톨릭의 세계관을 바라보게 되었다.

이러한 아일랜드 국민들의 가톨릭에 대한 인식 변화를 단적으로 보여준 사례는 1979년 요한 바오로 2세의 아일랜드 방문 당시 피닉스 공원 야외 미사에 아일랜드 국민의 1/3에 해당하는 약 100만 명 이상이 참가한 반면, 2018년 프란시스코 교황의 아일랜드 방문 당시 야외 미사에는 약 13만 명이 참가하는 데 그친 것을 들 수 있다.

특히, 2018년 프란시스코 교황의 아일랜드 방문 당시 교황을 환영하는 분위기 속에서도 과거 아일랜드 내 일부 가톨릭 사제들의 문제에 대한 조명과 이에 대한 가톨릭계의 반성을 요구하는 목소리가 뚜렷하였다는 점은 가톨릭 사회로서 아일랜드의 변화를 보여 준 것으로 보인다.

1979년 교황 방문(왼쪽)과 2018년 교황 방문(오른쪽) 당시 야외 미사

가톨릭이 아일랜드 다수 여론에서 벗어나 변화에 저항하는 세력으로 인식되고 있는 또 다른 사례로는 가톨릭계의 강력 반대에도 불구하고, 국민 투표를 거쳐 동성 결혼 및 낙태가 합법적으로 허용되었다는 점이다.

* 아일랜드 국민 투표 결과(2015년 동성 결혼, 2018년 낙태 합법화)

- 2015. 5. 22. 투표 결과, 투표율 60.5% 중 찬성 62%, 반대 37.9%의 압도적 표차로 동성 결혼 합법화 결정

- 2018. 5. 25. 투표 결과, 투표율 64.1% 중 찬성 66.4%, 반대 33.6%의 압도적 표차로 낙태 금지 헌법 조항 폐지가 결정되었으며, 1개 지역(Donegal) 및 65세 이상 연령층을 제외하고 도시와 농촌을 가리지 않고 全 지역, 모든 연령층에서 동 헌법 조항 폐지에 찬성

* 2015년 국민 투표 결과 발표 당시 바라드카 장관 연설: "오늘은 아일랜드의 역사적 날이다. 아일랜드는 국민의 위임으로 헌법상 결혼의 평등권을 부여한 세계 첫 국가가 되었다. 아일랜드는 세계 여타 국가들에게 자유와 평등의 빛이 되었다. 아일랜드인이라는 것이 너무도 자랑스럽다."

한편, 남북 아일랜드 전역에는 26개의 가톨릭 교구가 설치되어 있고, 4명의 대주교(더블린, 카셀, 투암, 아르마), 20여 명의 주교 등이 활동 중인데 전체 가톨릭 신자 450만여 명에 비해 과도하게 많고, 공석도 발생하여 통합·조정될 필요가 있다는 목소리가 있다.

성직자 배출을 가문의 명예로 여기던 과거와 달리 이제는 아일랜드인들 중 신부, 수녀를 지망하는 이들의 숫자가 줄어들고 있어 성직자의 연령도 점차 높아지고 있고(2015년 기준 사제의 평균 연령은 64세), 제3국 출신

성직자들이 그 자리를 채우고 있는 실정이다.

결국 그간 아일랜드 사회에서 독보적 영향력을 행사해 온 가톨릭이 향후 어떻게 급속히 진보적으로 변화하고 있는 아일랜드 사회를 이해하고 포용해 나갈지가 관건이라 하겠다.

5. 건재한 공교육 제도

외국인 투자 유인의 핵심 요소 중 하나는 아일랜드의 양질의 노동력에 있다. 다른 나라에 비해 아일랜드 공교육 제도에 대한 신뢰는 여전히 높고, 교육분야는 양국 협력의 잠재력이 높은 분야이다.

우리나라는 사교육이 차지하는 비중이 매우 높은 반면, 아일랜드의 공교육 제도는 여전히 건재한 모습을 유지하고 있으며, 대표적인 통계로서 아일랜드 대학 진학률을 보면, 공립 고등학교 출신의 학생들이 사립학교 출신의 학생들과 비추어 보아 전혀 뒤지지 않는다는 점을 들 수 있다.

TOP 10 고등학교 (2017-2019년 대학 진학률)

순위	고등학교 이름	공립/사립	위치
1	Colaiste Losagain	공립	더블린

2	Laurel Hill Colaiste FCJ	공립	리머릭
3	Gonzaga College	사립	더블린
4	Loreto College	사립	더블린
5	Scoil Mhuire	사립	코크
6	Mount Anville Secondary School	사립	더블린
7	Holy Faith Secondary School	공립	더블린
8	Muckross Park College	공립	더블린
9	The Teresian School	사립	더블린
10	St. Gerard's School	사립	더블린

또한 사제 간의 관계에 있어서도 교사의 권위가 여전히 학생들 사이에 자리 잡고 있는 모습을 쉽게 볼 수 있는 등 교권 붕괴라는 우리나라의 현실과는 다른 점이라고 하겠다.

이러한 양질의 아일랜드 교육 시스템은 아일랜드에 진출한 다국적 기업들을 유인하는 중요한 요소 중 하나로 자주 거론된다. 아일랜드 국민의 50% 이상이 대졸자로서 유럽 평균(20%대)보다 훨씬 높은 수준을 자랑하고 있다.

아일랜드 교육 과정은 유치원 2년, 초등학교 6년, 중등학교 3년(1-3학년), 전환학년(Transition Year) 1년(4학년), 고등학교 2년 과정(5-6학년)으로 이뤄져 있으며, 중등학교 졸업 후 중학교 졸업 시험(Junior Certificate), 고등학교 2년 졸업 후 고등학교 졸업 시험(Leaving Certificate)을 치른다.

전반적으로 아일랜드 교육 과정은 공부만 잘하는 인재를 키우기보다는 지덕체를 모두 중시하는 철학을 가지고 있으며, 특히 아일랜드 정서상 학교에서 하키, 게일릭 풋볼, 헐링 등의 운동에 많은 주안점을 두고 있고 음악 활동에 대해서도 높은 관심을 가지고 있다.

특히, 우리나라 중학교 1학년 자유 학기제는 아일랜드 전환학년을 모델로 도입한 제도로서 미래 직업 선택 및 외국어 습득을 위해 적극 활용할 수 있는 실용적인 제도이다.

아일랜드 전환학년은 1년 과정으로 기본 과목(영어, 게일어, 외국어, 수학, 체육 등), 선택 과목(지리, 역사, 생물, 화학, 미술, 음악, 농업 등), 체험 학습(건축 디자인, 요리, 등산 등), 직업 체험, 봉사활동 등으로 구성되어 있어 교실 밖에서의 경험을 통해 자신의 잠재력을 찾고, 실제 직업의 세계를 맛볼 수 있는 좋은 기회를 제공하고 있다.

또한 일부 학생들은 전환학년 기간 동안 여타 국가들에 교환 학생 프로그램으로 체류하면서 외국어와 해당 국가의 문화를 익히기도 하며 이러한 프로그램은 전환학년 기간 동안 수업을 이수한 것으로 간주된다.

전환학년 종료 후 고등학교 5-6학년 과정부터는 고등학교 졸업 시험(대입 시험) 준비가 곧바로 시작되어 심리적인 압박을 호소하는 학생들이 많다.

하지만, 매년 6월에 치러지는 아일랜드의 고등학교 졸업 시험 제도를 보면 인간적인 배려를 느낄 수 있다.

예를 들어, 학생들은 자신의 수준에 맞추어 각 과목당 높은 수준(High Level)과 평균 수준(Ordinary Level) 중에 선택할 수 있다.

또한 한국이 수학 능력 시험을 하루에 보고 점수가 결정되는 것과는 달리 아일랜드에서는 모두 서술식 시험으로 각 과목당 약 반나절 동안 보게 되어 고등학교 졸업 시험을 약 한 달 정도에 걸쳐 치르게 된다.

따라서 한국의 경우 대학수학능력 시험 날 몸이 좋지 않아서 시험을 망치는 경우가 있는 반면, 아일랜드에서는 그런 일은 없을 것이나, 체력이 변수가 될 수 있다.

그리고 점수 구간을 높은 수준(High Level)에서는 H1부터 H8까지 구분하고, 보통 수준(Ordinary Level)에서는 O1부터 O8까지 구분하며, 10점 정도의 차이에 대해서는 동일한 점수로 처리한다. 예를 들어 80점에서 89점까지는 동일한 점수대인 H2를 받으며, 90점부터 100점까지는 모두 만점인 H1을 받는다.

아일랜드 CAO(Central Application Office)는 고등학교 졸업시험 관리 및

시험성적에 따른 학생들의 대학 및 학과 배치를 담당하고 있다.

고등학교 졸업시험(Leaving Cert) 점수 계산표

High Level 구간	CAO 점수	Ordinary Level 구간	CAO 점수
H1(90-100점)	100		
H2(80-89점)	88		
H3(70-79점)	77		
H4(60-69점)	66		
H5(50-59점)	56	O1(90-100점)	56
H6(40-49점)	46	O2(80-89점)	46
H7(30-39점)	37	O3(70-79점)	37
H8(0-29점)	0	O4(60-69점)	28
		O5(50-59점)	20
		O6(40-49점)	12
		O7(30-39점)	0
		O8(0-29점)	0

고등학교 졸업 시험은 영어, 수학, 게일어 필수 3과목을 포함하여 최소한 반드시 6과목을 선택하는데, 학생들은 대체로 7-8과목을 선택하고 이 중 높은 점수를 받은 6과목 점수를 합산하여 총 점수가 결정된다.

아일랜드는 문학의 나라에 걸맞게 영어 문학에 대한 애정이 높아 많

은 시간과 에너지를 투자하고 있다. 대학 진학을 위해서 학생들은 최소 수십 개의 문학 작품을 이해하고 분석할 수 있는 실력이 있어야 하고, 여타 과목에 비해 영어 과목의 점수 취득이 매우 어렵다.

수학 과목에서 높은 수준(High Level)을 선택할 때 H6 이상을 점수로 받을 경우 추가로 25점을 받을 수 있기 때문에 고등학교 졸업 시험의 총 6과목 만점자는 625점이 된다. 과락은 H8, O7 및 O8의 경우에 해당한다.

한편, 2020년에는 고등학교 졸업 시험이 코로나 19 사태로 인해 취소되고 아일랜드 역사상 처음으로 각 학생들에 대한 교사들의 예상 점수로 대체되었다.

이 과정에서 저자는 아일랜드 교사들이 객관성을 유지를 위해 자신들이 가르친 학생들의 고등학교 졸업 시험 점수에 관여해서는 안 된다는 아일랜드 사회의 전반적 합의와, 아일랜드 교육 정책 방향과 관련한 교원 노조의 위력을 새삼 확인할 수 있는 계기가 되었다.

아일랜드 대표적인 대학으로는 TCD(Trinity College Dublin), UCD(University College Dublin), UCC(University College Cork), NUIG(National University of Ireland Galway), University Maynooth , University Limerick 등을 들 수 있다.

대학별 상징물

과거 트리니티 대학(TCD)의 글로벌 대학 순위는 두 자리 수를 기록하기도 하였으나, 점차 교수 대 학생 비율이 더욱 높아짐에 따라 순위가 하락하고 있어 각 대학에는 아일랜드 정부의 보다 많은 재정 지원을 통해 교수진을 더욱 확충해야 한다는 요구가 높아지고 있다.

대학 순위(영국 타임즈 고등 교육기관 순위, 2021년)

TCD	UCD	NUIG	UCC	Univ. of Maynooth	Univ, of Limerick
155위	251-300위	301-350위		401-500위	501-600위

(참고로 서울대 60위, KAIST 96위, 고려대 167위, 연세대 187위를 기록)

한편, 양질의 아일랜드 공교육 시스템은 아일랜드 해외 투자유치 전략에 주요한 요소로 작용하고 있으나, 아일랜드 내 국제 학교가 많지 않고, 특히 외국인 학부모가 선호하는 IB(International Baccalaureate) 시스템을 보유하고 있는 학교가 극소수에 불과하다는 점은 향후 적극 개선될 필요가 있어 보인다.

또한, 첨단 교육 기자재 도입 확대, 충분한 교사인력 확보(학급당 평균 30-39명의 학생으로 EU 평균 20명에 비해 과다) 등 교육 인프라 구축 확대에 아일랜드 정부의 많은 재정 투입이 필요해 보인다.

6. 브렉시트: 도전과 기회

영국의 유럽연합(EU) 탈퇴 결정은 아일랜드의 경제적, 외교적, 정치적 생존 문제와 직결된 것이며, 영국 자치령인 북아일랜드가 EU 회원국에서 이탈함에 따라 남북 아일랜드 통일 문제가 더욱 심각하게 대두되고 있다.

아일랜드는 EU 국가들 중 유일하게 영국과 육로 국경을 접하고 있는 국가로서 경제적으로도 EU 국가들 중 가장 긴밀하게 영국(특히, 북아일랜드)과 통합되어 있고, 영국은 아일랜드의 제1의 무역 대상국에 해당한다.

* 아일랜드는 전체 수출의 약 15%(농수산물의 경우 약 70%)가 영국으로 수출되며, 아일랜드 전체 수입의 약 30%를 영국으로부터 수입

남북 아일랜드 국경 관련 통계	
국경 길이	499킬로미터
국경을 통과하는 도로 수	275개
일 평균 국경 왕래 통근자 수	약 3만 명
연 평균 국경 왕래 차량 수	약 2천만 대

이에 따라 **아일랜드는 브렉시트를 지난 50년 이래 가장 심각한 정치 · 경제 · 사회 · 외교적 도전 과제로 인식하고 있으며, 범정부적 차원의 대응을 하고 있다.**

특히, 경제적으로 남북 아일랜드가 서로 긴밀히 통합되어 있어, EU 국가 중 아일랜드가 최대 경제적 피해를 입을 것으로 예상되고 있다.

1998년 체결된 북아일랜드 평화 협정(Good Friday Agreement 혹은 Belfast Agreement)은 영국과 아일랜드 모두 EU 회원국이라는 점을 적극 활용, 친영국파(Unionists)와 아일랜드 독립파(Nationalists) 간 이견을 봉합한 시스템이다.

북아일랜드 평화 과정은 북아일랜드가 정치적으로는 아일랜드와 분리되어 있으면서도 EU 단일 시장 내에 아일랜드와 공존하고 있다는 이중성(duality)을 토대로 하고 있다,

영국(북아일랜드)과 아일랜드 모두 EU 회원국으로서 단일 관세 동맹에

아일랜드 그곳이 알고 싶다

속해 있다는 것은 이러한 이중성의 핵심이나, 브렉시트가 이를 근본적으로 위협하고 있다.

또한 브렉시트로 인해 남북 아일랜드 사이에 물리적 국경이 들어설 경우에는 이 물리적 국경 장벽은 남북 아일랜드 통일을 주장하는 세력의 테러 목표물이 될 가능성이 높으며, 이에 대한 우려가 높다.

이에 아일랜드는 북아일랜드/아일랜드 국경 간 물리적 국경이 설치되어서는 안 되고, 공동여행구역(CTA: Common Travel Area)도 지속되어야 하며, 가급적 브렉시트 이후에도 영국과 EU 간에 최대한 유사한 경제 무역 제도를 유지하는 것이 매우 중요하다는 입장을 피력하고 있다.

> * 공동여행구역(CTA)은 1922년 아일랜드와 영국 간 합의에 따라 양국 국민들의 이동, 거주, 노동, 복지, 연금 등의 혜택을 상호주의에 따라 자국민과 동일하게 적용되고 있는 제도이다. 이에 따라 암스테르담 조약(1997) 및 리스본 조약(2009)도 셍겐 합의에 불참하고 있는 영국과 아일랜드 간의 이러한 역사적 특수성을 감안하여 공동여행구역 적용을 용인하였다.

즉, 아일랜드는 브렉시트로 인한 부정적 영향을 최소화시키고, 북아일랜드 평화 협정을 지속시키기 위해서는 브렉시트 이후에도 자유로운 인적·물적 왕래가 유지되고, 관세 동맹 및 단일 시장 시스템을 유지하는 것이 바람직하다는 입장이다.

한편, 장기적으로는 브렉시트 후 아일랜드가 EU 내 유일한 영어 사용 국가가 된다는 점, 젊고 고품질의 노동력 보유 국가라는 점 등을 활용, 영국 투자 기업의 아일랜드 이전, 추가적인 외국인 투자 유치, 시장 다변화 등을 통해 브렉시트에 따른 부정적 영향 최소화를 도모하고 있다.

다른 한편으로 브렉시트는 북아일랜드 평화 협정을 통해 잠정적으로 봉합되어 있던 남북 아일랜드 통일 문제를 제기하는 계기로도 작용하고 있다.

즉, 북아일랜드 평화 협정(Good Friday Agreement, 혹은 Belfast Agreement) 은 북아일랜드의 친영파와 친아일랜드 독립파의 대립을 EU 메커니즘을 통해 절충함으로써 아일랜드 섬의 통일 이슈를 미래에 달성할 합의 사항 으로 미뤄 놨으나, 브렉시트 후에도 북아일랜드의 EU 잔류를 위해서는 통일에 관한 국민 투표가 이뤄져야 한다는 세력들이 등장하고 있다.

다만, 북아일랜드 평화 협정 체결 후 이뤄진 아일랜드 개정 헌법에 따라 남북 아일랜드 통일을 위해서는 남북 아일랜드에서 각각의 국민 투표를 통해 양측에서 다수 유권자가 찬성을 하여야 한다는 전제 조건이 충족되어야 한다.

한편, 아일랜드 정부의 외교적 노력으로 2017년 4월 29일 유럽 정상 회의는 아래 내용이 포함된 성명을 발표하였는데, 이는 브렉시트 이후 EU 회원국인 아일랜드와 북아일랜드(EU 회원국이 아닌 영국의 지방 정부)가 통일이 되었을 경우, 통일 아일랜드가 EU 회원국이 된다는 중요한 근거 문서가 될 것으로 보인다.

참고로, 아일랜드는 1989년 11월 베를린 장벽이 무너진 후 개최된 1990년 4월 EU 특별 정상 회의의 의장국으로서 독일 통일에 대한 EU 정상들의 지지를 이끌어내는 데 주도적인 역할을 수행하여 이후 독일로부터 지속적으로 감사 표명을 받고 있다.

한편, 성금요일 협정 협상 타결 및 이행 과정에서 아일랜드-영국 정부는 긴밀한 협력을 통해 동 협정의 보증자(guarantor) 역할을 수행하여 왔으나, 브렉시트 협상 과정 중 양국 관계의 악화는 이러한 보증자 역할에 한계를 불러올 수 있다.

또한, 브렉시트로 인해 물리적 국경이 등장할 경우, 남북 아일랜드 국경 지대의 평화 협력 사업에 부정적 영향이 초래될 수도 있다.

* 성금요일 협정은 3개 요소(strand Ⅰ: 북아일랜드 자치 정부 구성, strand Ⅱ: 북아일랜드-아일랜드 협력, strand Ⅲ: 아일랜드-영국 간 협력)로 구성되어 있으며, 북아일랜드 자치 정부 구성 및 북아일랜드-아일랜드 협력은 아일랜드와 영국 간 협력을 필요조건으로 상정하는 등 3개 요소가 상호 중첩적이고 보완적인 시스템으로 운영된다.

* 남북 아일랜드 협력 사업은 남북 아일랜드 공동 사무국(Joint Secretariat)의 행정 지원을 받는 남북 각료 회의(NSMC: North-South Ministerial Council)를 통해 12개의 협력 분야(농업, 보건, 환경, 관광, 교통, 교육 / 내륙 수로, 식품 안전, 남북 교역 진흥, EU 특별프로그램, 언어, 해양)에 걸쳐 수백 개가 넘는 사업이 진행되고 있다.

2016년 국민 투표 결과 55.8%의 북아일랜드 주민이 브렉시트에 반대하였는데, 브렉시트 탈퇴 협정(남북 아일랜드 의정서)에 따라 영국 본토가 북아일랜드와의 자유로운 무역에 절차상 제약이 발생하고, 북아일랜드가 점차 아일랜드와의 유사한 경제 규정을 적용받게 된다면, 장기적으로는 오히려 남북 아일랜드 통일 기반이 마련될 수도 있다는 의견도 제시되고 있다.

브렉시트 탈퇴 협정상 북아일랜드 통관 절차

영국에서 북아일랜드를 넘어서 아일랜드로 수입될 가능성이 있는 모든 상품

↓

북아일랜드 항구에서 EU 관세 부과

북아일랜드에서 소비될 경우 관세 환급	아일랜드로 수입될 경우 관세 환급 미적용

역사적인 관점에서 보면 1922년 아일랜드가 영국에서 독립한 이래 계속해서 영국의 영향력에서 떨어져 나가는 추세(소위 decoupling)의 연장선상에서 브렉시트는 아일랜드가 영국에서 벗어나 유럽 대륙에 안착해 가는 과정을 다시 한번 보여 주는 계기가 되고 있다.

다만, 유럽연합 내 역학 구도에 영국의 탈퇴로 인한 변화가 예상되는데, 유럽연합 회원국 중 영국이 아닌 아일랜드의 입장을 지지하는 유럽 국가를 찾는 과제도 남아 있다.

즉, 그간 영국은 유럽연합 내 법인세 개혁 등을 논의하는 과정에서 독일과 프랑스에 대항하여 아일랜드가 직접 나서지 않더라도 유사한 입장을 피력하는 역할을 수행해 왔다.

하지만, 영국의 유럽연합 이탈로 아일랜드는 영국의 보호막에서 벗어나 유럽 국가들 중 자신들의 지지국을 찾아야 하는데, 한편으로는 네덜란드, 덴마크, 스웨덴, 핀란드 등 북유럽 국가들과 연합(한자동맹 2.0: Hanseatic League 2.0)을 지향하면서도, 양대 강국인 독일 및 프랑스와도 외교 강화 전략을 펼치고 있다.

* 아일랜드 前 외교차관 David O'Sullivan(2020. 1. 31 Irish Times 인터뷰): **"영국은 그간 아일랜드의 길잡이 역할(bellwether)을 하였다. 하지만 이제 아일랜드는 우리 스스로 헤쳐 나가야 한다(weatherbell)."**

또한 글로벌 활동에서 영국의 대사관 및 총영사관의 지원을 많이 받아 온 아일랜드로서는 브렉시트 이후를 대비하여 영국의 역할 축소에 따라 재외 공관을 더욱 확대코자 하는 움직임(2018년 80여 개에서 → 2025년까지 100개 이상으로 확대하는 글로벌 외교 전략)도 보이고 있다.

한편, 2020년 코로나 바이러스 대응 과정은 브렉시트 이후 남북 아일랜드 간 상이한 정책에 대한 우려와 함께 아일랜드 섬 전체에 동일한 보건 정책이 적용될 필요성을 보여 주는 좋은 사례가 되었다.

즉, 북아일랜드는 영국의 대응 방향에 따른 반면, 아일랜드는 EU의 정책에 기반을 둔 정책을 펼쳐 남북 아일랜드 간 상이한 대응이 이뤄졌고, 그리하여 섬이라는 장점을 살리지 못하고 있다는 비판에 직면하였다.

예를 들어, 북아일랜드는 코로나 19 잠복기를 일주일로 상정, 7일간의 자가 격리를 권고한 반면, 아일랜드는 14일을 권고하였고, 휴교령도 북아일랜드가 아일랜드보다 보름 정도 늦게 내리는 상황이 연출되기도 하였다.

즉, 남북 아일랜드가 동일한 방역지침을 취할 때 단일 섬으로서 코로나 19에 효과적으로 대응할 수 있었을 것이라는 비판은 브렉시트 이후 남북 아일랜드에 다른 규정이 적용될 경우 직면하게 될 현실적인 문제를 잘 보여 주고 있다.

남북 아일랜드 평화와 통일 그리고 한반도

아일랜드의 분단(1921-현재), 북아일랜드의 평화 협상(1980년대-1998년 성금요일 협정), 북아일랜드 준군사 조직의 무장 해제(특히, 2000년-2005년 PIRA 무장 해제), 남북 아일랜드 국경협력의 문제는 한국에 어떠한 의미를 가지고 있는가?

아일랜드 성패트릭 대성당은 아일랜드 국립 대성당으로 이곳에 있는 화해의 문 (The Door of Reconciliation)에는 "실패를 각오하고 한번 시도해 보자(to chance your arm)"라는 유명한 구절이 있다.

이야기는 다음과 같다.

1492년 당시 아일랜드 군주의 대표 자리를 두고 오르몬 지방의 버틀러 가문과 킬데어 지방의 피츠제럴드 가문 사이에 전투가 발생하였다.

이 전투에서 패배한 버틀러 가문이 성패트릭 대성당으로 도피를 하게 되었고, 피츠제럴드 가문은 이들을 쫓아와 화해를 권하지만 버틀러 가문은 믿을 수 없다면서 이를 거절한다. 이에 제럴드 피츠제럴드 백작이 문에 구멍을 낸 뒤 신뢰의 의미로 자신의 팔을 밀어 넣었고, 버틀러 가문은 이러한 피츠제럴드 가문의 화해의 진심을 받아들여 평화가 이뤄진다는 내용이다.

성패트릭 성당 화해의 문

이는 평화를 이루기 위해서는 신뢰 부족을 극복해야 하고, 양측 중 누군가는 위험을 무릅쓰면서(risk-taking) 직접적인 접촉과 대화를 통해 상호 이해를 제고시키고 설득해 나가는 것이 중요하다는 점을 잘 보여 준다.

북아일랜드 평화 과정의 역사

1969년 민권 시위대에 대한 폭도 공격으로 시위대의 '자유 데리(Free Derry)' 선포

1972년 북아일랜드 Derry(Londonderry)에서 '피의 일요일(Bloody Sunday)' 사건 발생

1973년 서닝데일(Sunningdale) 합의

1981년 북아일랜드 친아일랜드파 10명의 수감자가 교도소 단식 투쟁으로 사망

1985년 힐스보로(Hillsborough) 국제 협정(영-아 협정) 체결

1991년 영국 피터 부룩(Peter Brooke) 선언

1993년 다우닝 가(Downing Street) 선언

1994년 신페인당 제리 아담스(Gerry Adams)에게 48시간 유효 미국 비자 발급

1994년 8월 아일랜드공화국군(PIRA) 휴전 선언

1995년 3월 영국 페트릭 메이휴(Patrick Mayhew) 선언

1995년 11월 미 클린턴 대통령 북아일랜드 방문

1996년 2월 아일랜드공화국군(PIRA) 휴전 중단(영국 Canary Wharf 테러)

1997년 5월 토니 블레어 영국 총리 취임

1997년 7월 아일랜드공화국군(PIRA) 휴전 선언

1997년 8월 독립국제무장해제위원회(IICD) 설치

1998년 4월 북아일랜드 평화 협정(Good Friday Agreement 혹은 Belfast Agreement) 서명

1998년 5월 남북아일랜드 국민 투표(아일랜드 94%, 북아일랜드 71% 찬성)

1999년 11월 북아일랜드 자치 정부 출범

2000년 2월 북아일랜드 자치 정부 중단

2000년 5월 아일랜드공화국군(PIRA) 무장 해제 과정 시작에 동의

2000년 5월 북아일랜드 자치 정부 재개

2001년 7월 북아일랜드 자치 정부 총리 사임

2001년 8월 아일랜드공화국군(PIRA) 무장 해제 방안 제안

2001년 9월 미국 9. 11 테러 발생

2001년 10월 아일랜드공화국군(PIRA) 1차 무장 해제 조치 확인

2001년 11월 북아일랜드 자치 정부 재개

2002년 4월 아일랜드공화국군(PIRA) 2차 무장 해제 조치 확인

2003년 10월 아일랜드공화국군(PIRA) 3차 무장 해제 조치 확인

2005년 5월 총선에서 강경 세력인 DUP와 Sinn Fein이 북아일랜드 각 진영 다수당으로 등장

2005년 9월 아일랜드공화국군(PIRA) 4차 및 모든 무장 해제 완료

2006년 10월 성 앤드류(St. Andrews) 협정 체결

2007년 5월 북아일랜드 자치 정부 재개

 수 세기 동안 아일랜드는 영국의 식민 지배를 받다가, 1922년에 아일랜드 남부(32개 주 중 26개)는 구교도 중심의 '아일랜드 자유국(Irish Free State)'으로 독립하였고 북부는(32개 주 중 6개) 영국계 신교도가 다수 거주하는 '영국령 자치주'로 분리되었다.

하지만 1922년 이래 영국계 신교도 중심의 북아일랜드 정부는 북아일랜드 내 구교도들에게 주거, 취업, 선거권 등에서 차별 정책을 펼쳤고, 1960-1970년대 미국과 유럽의 시민운동으로부터 자극을 받은 북아일랜드 구교도들은 보다 공정한 시민권을 요구하면서 가두행진을 벌였다.

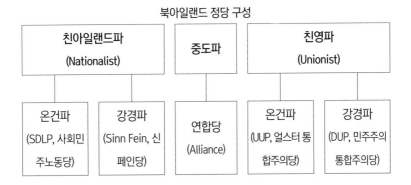

북아일랜드 정당 구성

친아일랜드파 (Nationalist)		중도파	친영파 (Unionist)	
온건파 (SDLP, 사회민주노동당)	강경파 (Sinn Fein, 신페인당)	연합당 (Alliance)	온건파 (UUP, 얼스터 통합주의당)	강경파 (DUP, 민주주의 통합주의당)

그러나 이러한 요구에 대해 북아일랜드 신교도들은 공권력과 폭력 집단들을 동원하여 폭압적 대응으로 맞섰으며, 이에 아일랜드 민족주의 무장 조직인 아일랜드공화국군(PIRA: Provisional Irish Republic Army)이 적극 대항했고, 아일랜드 통일을 목표로 반란을 선동했다.

아일랜드공화국군은 아일랜드 평화가 자신들의 무장 투쟁 포기로 달성되는 것이 아니라 무장 투쟁이 발생한 근본적인 원인인 영국이 북아일랜드 식민 지배에서 물러나고 남북아일랜드가 통일되는 데 있다고 주장하였다.

IRA(Irish Republic Army) 계보

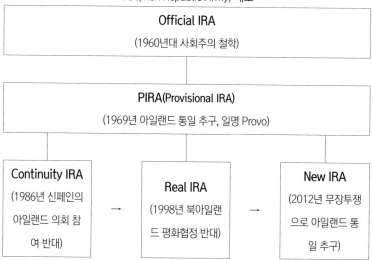

하지만, 아일랜드공화국군의 무장 투쟁에 대응하여 개신교 무장 단체도 등장, 양측 간 분쟁이 커짐에 따라 영국은 경찰과 군을 동원하여 1973년부터 북아일랜드 정치와 치안을 직접 통치하게 된다.

이에 대해 아일랜드공화국군은 영국이 북아일랜드 분단유지를 위한 조치로서 북아일랜드 구교도의 시민권을 제한하고 있고 이러한 정의롭지 못한 상황을 유지하기 위해 경찰과 군대를 보내 시위대를 무력으로 진압하고 있다고 보았다.

따라서 아일랜드공화국군으로서는 북아일랜드 구교도의 안전과 생명을 지키기 위해서는 아일랜드공화국군과 같은 무장 단체가 필요하다는 주장을 하였다.

한편으로는 영국 정부가 북아일랜드 문제를 적극적으로 해결하려는 노력을 하지 않고 안주하고 있는 상황을 타개하기 위해서는 영국의 관심을 끌 수 있는 무장투쟁이 필요하다는 생각도 있었다.

하지만, 1980년대 후반 북아일랜드 사회민주노동당 총재 존흄(John Hume)의 신페인당 지도부와의 대화, 영국과 아일랜드의 적극적인 북아일랜드 분쟁 해결 의사 피력에 따라 아일랜드공화국군은 무장 투쟁보다는 정치적인 참여를 통해 남북아일랜드의 통일을 추진하는 방향으로 노선을 바꾸고, 그 정치 조직인 신페인당이 전면에 나서게 된다.

이러한 영국과 아일랜드의 노력과 미국의 적극적인 중재를 통해 1998년 4월 △북아일랜드 자치 정부 설립 △남북 아일랜드 협력, △영국과 아일랜드 협력, △준군사 조직의 전면적 무장 해제 및 평화적 통일 방식 등을 내용으로 한 북아일랜드 평화 협정을 체결함으로써 북아일랜드의 실질적인 평화 과정이 시작된다.

하지만, 1968년 아일랜드공화국군과 그 정치 조직인 신페인당이 영국에 대항하여 무장 독립 투쟁을 시작한 이래 북아일랜드 평화 협정이 체결된 1998년까지 3,500명이 넘는 사망자가 발생하였다.

또한, 북아일랜드 평화 협정이 체결된 이후에도 실제 북아일랜드의 준군사 조직들의 무장 해제는 10여 년이 지난 후인 2000년대 후반에야 완결된다.

버티 아헌(Bertie Ahern) 아일랜드 총리, 조지 미첼(George Mitchell) 미 특사,
토니 블레어(Tony Blair) 영국 총리, 1989년 4월 성금요일 협정 서명 후 사진(historyvault.ie,)

신페인당 제리 아담스(Gerry Adams) 총재, 사회노동민주당 존 흄(John Hume) 총재, 빌 클린턴(Bill Clinton) 미 대통령, 얼스터통합주의당 데이비드 트림블(David Trimble) 총재 (historyvault.ie)

즉, 아일랜드공화국군이 무장 투쟁을 포기한 후에도 신페인당이 북
아일랜드의 정치적 주류 정당으로 성장하여 정치적 참여를 통해서 남
북 아일랜드 통일이 가능하다는 확신을 갖고 난 후에야 (정치적 환경 변

화 후에야) 비로소 실질적 무장 해제 결과를 보게 되었다는 점은 한반도의 평화 구축 과정에도 의미심장하게 다가오는 대목이다.

한편, 친아일랜드 온건파 진영이었던 사회민주노동당은 평화협상 과정에서 강경파 신페인당 측에 주도권을 빼앗기고, 이후 총선에서도 점차 신페인당에 밀려 소수당으로 전락하였다.

블레어 영국 총리도 인정하였다시피 준군사조직인 아일랜드공화국군을 보유하고 있는 세력은 사회민주노동당이 아닌 신페인당이었기 때문에 반영 무장투쟁을 끝내고 평화과정을 이어가기 위해서는 신페인당의 주도권을 인정하는 수밖에 없게 되었다.

결국 무기를 보유하지 않으면 협상의 주도권을 상실하게 되는 상황을 잘 보여 주며, 대부분의 평화협상에서처럼 북아일랜드의 무장해제도 평화협정 이행의 마지막 단계에 가서야 이뤄지게 되었다.

2. 원칙 있는 대화의 중요성

북아일랜드의 평화 과정은 대화 없이는 평화를 달성할 수 없으며, 문제를 해결할 수 없다는 점을 잘 보여 주는 사례이다.

북아일랜드 사회민주노동당 존흄(John Hume) 총재는 1980년대 후반부터 비밀리에 신페인당 제리 아담스(Gerry Adams) 등과 수차례 만났다. 이 과정에서 그는 신페인당이 무장 투쟁 노선에서 벗어나 정치적 해결 방안을 모색한다는 점을 인식하고 아일랜드 정부 측에도 이러한 변화를 공유하였으며, 영국도 신페인당과의 비밀 접촉을 통해 신페인당 측의 노선 변화 가능성을 수용하기 시작하면서, 북아일랜드 평화 과정의 단초가 시작되었다.

　북아일랜드 평화 과정 시작을 위한 선결 과제는 ① 영국이 북아일랜드라는 국내 문제를 여타 국가들과 논의 대상으로 수용할 수 있는가? ② 대화가 아닌 무장 투쟁을 선호하던 아일랜드공화국군이 무장 해제를 수용할 수 있을 것인가? ③ 아일랜드공화국군의 정치 조직인 신페인당을 대화 상대로 인정하고, 이들을 대화로 나서게 할 수 있는가? ④ 북아일랜드 친영파를 설득하여 대화 상대로 인정하지 않던 신페인당 참여 협상에 같이 참여하도록 유도할 수 있는가?의 문제로 귀착되었다.

　상기 과제가 해결될 수 있었던 근본적인 배경은 더 이상 무장 투쟁을 통한 남북 아일랜드 통일이 불가능하다는 인식을 아일랜드공화국군 및 신페인당이 하게 되었고, 무장 투쟁 진영을 무력으로 억압하여 사태를 해결할 수 없어 타협이 불가피하다는 인식을 영국 및 친영파도 갖게 되는 등 대화 이외에는 문제 해결이 불가피하다는 공통 인식 때문으로도 볼 수 있다.

국제 정치학에서 말하듯이 분쟁 당사자들이 현상 유지가 모두에게 피해가 될 수밖에 없는 교착 상황(소위 "mutually hurting stalemate")에 도달함에 따라 협상에 나설 수밖에 없었던 것이다.

* 토니 블레어 영국 총리 비서실장이었던 조나단 파월(Jonathan Powell)의 북아일랜드 평화 과정에 대한 저서《Great Hatred, Little Hope – Making Peace in Northern Ireland》결론 중

"분쟁 해결을 위한 시도는 결국 분쟁 당사자들이 더 이상 일방적으로 승리할 수 없다는 점을 깨닫게 된 후에나 가능하다. 만약 일방이 여전히 승리가 가능하다고 믿는다면, 피의 악순환은 지속될 것이기 때문이다."

이러한 공통 인식 이외에도 블레어(Tony Blair) 영국 총리, 아헌(Bertie Ahern) 아일랜드 총리, 아일랜드공화국군 및 신페인당과 지속적인 대화 채널을 가동해 온 사회민주노동당 흄(John Hume) 총재, 온건 친영파로서 대화 참여 및 평화 협정 체결에 참여한 얼스터통합주의당 트림블(David Trimble) 총재 그리고 미국 클린턴(Bill Clinton) 대통령 및 미첼(George Mitchell) 협상 대표 등 위험을 감수한 리더십도 결정적인 요인 중 하나였다("The Stars are aligned.").

블레어 영국 총리가 자신의 자서전(A Journey)에서도 언급하였듯이 수많은 모욕(abuse)을 감당하는 것이 북아일랜드 평화를 달성하려는 지도자들이 감수해야 할 몫이었고, 지도자들은 이를 잘 극복하였다.

협상의 성공 여부는 상대방과 타협한 내용을 자기 진영을 상대로 얼마나 설득할 수 있느냐에 달려 있는데, 북아일랜드 평화 과정은 평화 구축이라는 대의를 위해 어느 진영도 타협할 수밖에 없고, 진영 내 반발을 최소화하면서 기대치를 낮추는 작업을 병행하는 등 관련 인사들의 정치적 리더십의 중요성을 잘 보여 준다.

결국 문제 해결을 위한 첫 발걸음은 대화의 상대방을 악마화하지 말고 대화의 실체로 인정하면서, 역지사지의 입장에서 생각해야 한다는 것이다.

* 노벨 평화상 수상자 존 흄(John Hume)의 연설(1998. 12. 10.) 중

"모든 분쟁은 인종이건 종교건 국적이건 차이로부터 발생하며, 차이는 위협이 아니라 자연스러운 것이라는 것이 유럽연합의 비전이다. 차이는 인간의 본성이며 우연히 출생에 의해 만들어지는 것이므로 증오와 갈등의 원인이 되어서는 안 된다. **차이에 대한 답은 상호 존중에 있으며, 평화의 가장 근본적인 원칙은 다양성의 존중에 있다.**"

* 신페인당과 여타 당사자들과의 대화를 주선한 알렉 리이드(Alec Reid) 가톨릭 신부는 분쟁에 연루된 사람들과 대화를 할 때 기독교 사역 활동의 핵심적 전제 사항으로 **각 당사자의 입장에서는 진실과 정의에 대한 합당한 주장이 있다는 점을 받아들이는 것**이라고 강조하였다.

대화의 과정을 통해 상대방을 정확하게 이해할 수 있고, 대화 과정 자체만으로도 상대방의 행동을 변화시킬 수도 있다. 또한 문제 해결을 위한 창조적인 아이디어는 대화를 통해서 발견될 수 있다. 대화의 단절은 아이디어의 부재로 이어지기 때문이다.

한편으로 대화 시작만큼이나 대화의 모멘텀을 어떻게 지속적으로 유지해 나가는가도 매우 중요하다. 대화를 이어간다는 것은 궁극적으로 상대방의 입장에서 문제를 바라볼 수 있는 기회가 더 높아지고, 신뢰를 구축하게 되며, 대화의 성공으로 이어질 가능성이 높아질 수 있음을 의미하기 때문이다.

반대로 대화의 공백은 대화에 반대하는 부정적인 요소로 쉽게 채워질 가능성이 높다는 점을 감안하여 대화의 모멘텀이 지속되어야 한다.

반면, 문제 해결을 위한 진전을 위해서는 일정 시점에 이르러서는 대화를 위한 대화가 아니라 대화 당사자들이 모두 동의하는 원칙을 설정하고, 이를 준수하면서 대화가 이뤄져야 한다.

정직한 중재자 역할을 훌륭히 수행한 미국 미첼 전 상원 의원은 북아일랜드 평화 협상 과정에서 친영파 진영을 설득하여 아일랜드공화국군의 정치 조직인 신페인당을 협상에 참여시키면서, 무장 투쟁 재발로 인한 협상의 파국을 막기 위해 모든 협상 참여자들에게 민주주의와 비폭력이라는 대원칙(소위 미첼 원칙)에 대한 동의를 요구했다.

상기 미첼 원칙은 한편으로 아일랜드공화국군과 신페인당이 진정으로 평화를 원하는지에 대한 진정성을 시험해 볼 수 있는 좋은 기제이기도 하였다.

물론 북아일랜드 평화 협상 과정 중에 발생한 아일랜드공화국군의 살인, 은행 절도 등으로 인해 신페인당이 일시 협상에서 배제되는 등 미첼 원칙을 어긴 데 대한 벌칙이 적용되는 우여곡절이 있었으나, 결국 민주주의와 비폭력이라는 미첼 원칙 준수를 통해 북아일랜드 평화 협상 체결로 이어지게 되었다.

3. 우호적 외부 환경 조성: 유럽연합

영국과 아일랜드는 1973년 유럽경제공동체(EEC)에 함께 가입하였고, 1990년대 이후 EU 단일 시장 시스템으로 운영됨에 따라 남북 아일랜드 국경선의 의미가 없어졌으며, 특히 북아일랜드 협정 체결 이후 남북 아일랜드 국경선에서 영국군이 철수함으로써 남북 아일랜드 사이에는 국경선이 존재하지 않는 상황이 되었다.

이에 따라 북아일랜드 아일랜드공화국군 및 신페인당이 그간 주장해 온 아일랜드 민족 통일이라는 대의명분도 영국과 아일랜드 모두 EU 회원국이라는 포스트모더니즘적 변화로 인해 그 의미를 상실하게 되

었다.

또한 영국과 아일랜드는 북아일랜드 평화 협상 과정에서 북아일랜드 친영파와 친아일랜드파의 입장을 후견하는 국가로서 긴밀한 협의를 가졌는데, 양국 모두 EU 회원국으로서 EU 회담에 참여하는 계기마다 수시로 의사소통을 하면서 구축된 신뢰 관계를 북아일랜드 평화 협상에도 적극 활용할 수 있었다.

이러한 구조적 외부 환경 변화는 북아일랜드의 평화 과정에 매우 긍정적으로 작용하였으며, EU 예산 지원을 통한 남북 아일랜드 평화 구축 사업으로 이어져 아일랜드 섬 내 평화 정착에 큰 기여를 하고 있다.

동북아 지역은 민족 국가의 담론이 지배하고 있고, 세계적으로도 글로벌 협력보다는 민족국가들의 제로섬(zero sum) 사고방식이 고개를 들고 있는 시점이기는 하지만, 한반도 평화 구축을 위해서는 동북아 지역에 대한 우호적인 외부 환경 구축 및 담론 변화의 노력도 지속해야 할 것이다.

하지만, 영국과 아일랜드의 EEC 가입으로 인해 자동적으로 북아일랜드 평화가 찾아 왔던 것이 아닌 것처럼, 우호적인 외부 환경 조성은 한반도 평화 구축의 필요조건에 해당하며 충분조건이 아니라는 현실을 망각해서도 안 될 것이다.

1998년 타결된 북아일랜드 평화 협정(Good Friday Agreement 혹은 Belfast Agreement)은 북아일랜드 문제와 관련된 3개의 관계가 포함된 구조를 갖추고 있고, 3개의 관계가 상호 추동하는 역할을 하도록 마련되어 있다.

> * 성금요일 협정은 3개 요소(strand Ⅰ: 북아일랜드 자치 정부 구성, strand Ⅱ: 북아일랜드-아일랜드 협력, strand Ⅲ: 아일랜드-영국 협력)으로 구성되어 있으며, 북아일랜드 자치 정부 구성 및 북아일랜드-아일랜드 협력은 아일랜드와 영국 간 협력을 필요조건으로 상정하는 등 3개 요소가 상호 중첩적이고 보완적인 시스템으로 운영되고 있다.

즉, 북아일랜드 내 친아일랜드파의 정치·경제·사회·문화적 소외 상황을 정치적 제도화를 통해 극복하고(Strand Ⅰ), 아일랜드와 북아일랜드 간의 협력을 위한 지속적인 협의 시스템을 구축하면서(Strand Ⅱ), 영국과 아일랜드 간의 신뢰를 바탕으로 주기적인 만남과 협력(Strand Ⅲ)의 장을 마련함으로써 북아일랜드 내부 안정과 남북 아일랜드 협력을 추동하게 마련되어 있다.

이러한 구조는 사실 사회민주노동당 존 흄(John Hume)의 아이디어에서 나온 것으로 북아일랜드 문제와 연관된 모든 관계를 구조화시킴으로써 북아일랜드 평화 달성이 가능하다는 신념에 바탕을 둔 것이다. (소위 "Totality of Relationships")

상기 3개 요소의 삼각관계는 각 요소가 건강하게 작동하고 굳건한 관계를 유지할 경우, 서로 상승 작용으로 북아일랜드 평화 과정이 더욱 견고하고 지속 가능한 형태가 될 수 있다는 점을 보여 준다.

다만, 앞서 설명했듯이 브렉시트로 인해 영국과 아일랜드 간 긴장 관계가 높아지고 소원해질 경우에는 이러한 메커니즘에 부정적인 영향이 미칠 것을 우려하는 목소리가 최근 높아지고 있다.

북아일랜드 평화 협정의 구조를 그대로 북한 문제에 적용하면 어떠한 모습이 될까?

북한 문제와 관련된 관계의 구조화는 △미국과 중국, △한국과 북한, △북한 내부로 구분되며, 아래와 같이 북아일랜드 평화 협정 구조와 비교할 수 있겠다.

	북한		북아일랜드	
Strand III	미국	중국	영국	아일랜드
Strand II	한국	북한	북아일랜드	아일랜드
Strand I	북한 내부 (정권 유지 및 경제 발전)		북아일랜드 내부 (양측 커뮤니티 간 동등 권리)	

북한 문제, 크게 한반도 문제는 국내외적인 변수가 중첩되어 있는 이슈로서 이를 해결하기 위해서는 관련 변수가 모두 고려되어야 한다는 점에서 아일랜드의 평화 협정 체결 방식도 고려할 필요가 있다.

다만, 북아일랜드의 경우, 미국이라는 독립적이고 우월적인 제3의 중재자가 영국, 아일랜드, 북아일랜드 내 모든 정파의 설득에 결정적 역할을 하였는데, 북한 문제에서는 미국이 일방 당사자 역할에 그치고 있고, 제3의 정직한 중재자가 없다는 점은 북한 문제 해결의 어려움을 재확인시켜 준다.

북아일랜드 평화협상 과정 중 영국과 아일랜드는 긴밀한 공조를 통해 양국의 분열과 이견을 조장하려 한 반평화세력의 의도를 넘어설 수가 있었다.

사실 영국은 역사적으로 북아일랜드 문제에서 자유로워지고 싶은 욕구를 항상 가지고 있었고 북아일랜드 평화과정을 통해 이러한 영국의 욕구가 충족되었다고도 볼 수 있다.

하지만, 중국이 북한을 정치적 부담(liability)가 아닌 한미동맹의 완충지대로 여기는 전략적 자산(asset)으로 보고 있는 한 북아일랜드 평화과정에서의 영국과 같은 역할을 한반도 문제에서 중국의 긍정적 역할을 기대할 수 있을지 의문이다.

이처럼 영국과 아일랜드가 북아일랜드 평화를 위해 1980년대 이래 상호 신뢰를 바탕을 두고 적극 협력하는 등 후원자의 역할을 수행하여 왔는데, 최근 미-중 간 대결 구도가 확대되고 있는 상황에서 이러한 긍정적 역할을 미국과 중국으로부터 기대할 수 있는지는 의문이다.

5. 무장 해제의 교훈과 북한의 비핵화

준군사 조직의 무장 해제는 북아일랜드 평화 과정의 핵심 과제 중 하나이자 평화 과정을 진전시키는 과정의 주요 걸림돌(소위 Cul-de-Sacs issue) 중 하나였다. 이는 한반도 평화 구축을 위해 북핵 문제가 해결되어야 하는 상황과 유사하다.

기본적으로 영국 및 북아일랜드 친영파 측은 먼저 무장 해제 후 평화 협상을 진행하고 무장 해제를 한 후에야 신페인당의 평화 협상 참여에 동의할 수 있다는 입장이었던 데 반해(先 무장 해제, 後 평화 협상), 신페인당 측은 먼저 평화 협상을 진행한 후 무장 해제를 진행한다는 상반된 입장(先 평화 협상, 後 무장 해제)을 가지고 접근하였다.

하지만 아일랜드공화국군과 신페인당 측의 강력한 반발로 평화 협상 조건으로 先 무장 해제가 적용될 경우, 평화 협상 자체가 이뤄질 수 없다는 현실이 수용되면서, 우선 신페인당을 평화 협상에 참여시킨 후 무장 해제를 진전시키는 것으로 절충안이 마련되었다.

하지만, 평화 협정이 체결될 때까지 무장 해제가 아닌 무장 투쟁 중단
만이 이뤄졌고, 1998년 평화 협정문에도 "남북 아일랜드 국민 투표에 의
해 평화 협정이 승인된 후 2년 이내에 모든 준군사 조직의 전면적인 무
장 해제 및 모든 무기 사용을 중지하기 위해 모든 정당들은 모든 영향력
을 행사한다(to use any influence they may have)"라는 모호한 내용이 포함
되었다.

영국 블레어 총리는 이러한 무장 해제와 관련한 모호한 약속에 반발
한 북아일랜드 친영파 얼스터통합주의장(UUP) 측에 개인적인 서한을 통
해 북아일랜드 자치정부 구성 후 6개월 내에 무장해제가 이뤄지지 않을
경우, 신페인당의 자치정부 참여를 배제하는 조항을 지지한다는 내용을
밝혔으며, 이를 근거로 얼스터통합주의당(UUP)는 1998년 북아일랜드
평화 협정에 서명하게 된다.

하지만 실제 아일랜드공화국군의 무장 해제는 북아일랜드 평화 협
정이 체결된 후 10여 년이 지난 후에나 이뤄지게 된다. 이러한 이유에
서 블레어 총리의 상기 서한 내용을 소위 '명예로운 기만(honourable
deception: 평화를 위해 일부러 무장 해제 시점을 거짓말함)'이었다고 옹호하기
도 한다.

즉, 북아일랜드 평화 협정문 발효 이후에도 이러한 모호성 때문에 신

페인당은 무장 해제 시작 및 완결 시점에 대해 지연술을 펼치면서, 무장 해제 문제 미해결을 이유로 중단되었던 북아일랜드 자치 정부의 즉각적인 구성과 가동을 주장하였다.

반면, 친영파는 북아일랜드 자치 정부 구성과 가동은 무장해 제 시점과 연동된 것으로 인식하고 있었고, 결국 북아일랜드 자치 정부는 무장 해제 완료가 선언된 2005년까지 제대로 가동되지 못하게 된다.

이에 따라 영국, 아일랜드, 독립국제무장해제위원회(IICD: Independent International Commission on Decommissioning)는 북아일랜드 친영파와 신 페인당 간의 입장을 절충시키기 위해 아래와 같은 방안을 제시하나, 신 페인당 및 친영파에 의해 거부된다.

① 신페인당 측이 친영파에게 구두로 무장 해제를 재차 약속하는 방안

② 폐기해야 할 특정 무기를 지정하지 않고, 아일랜드공화국군이 일부 무기(전체 무기의 중 일정 비율로) 폐기만으로 무장 해제의 진정성을 보이는 방안

③ 무기가 저장되어 있는 위치를 독립국제무장해제위원회에 밝히는 방안

④ 모든 보유 무기 리스트를 밝히는 대신 무장 해제의 구체적 시간표

에 합의하는 방안

한편, 독립국제무장해제위원회의 설치는 무장 해제의 시점문제로 인한 평화 협상의 파국을 막고, 대화가 지속되도록 하면서도, 무장 해제의 문제의 끈을 놓지 않을 수 있는 시간을 벌어 주는 기제로서의 역할을 잘 수행하였다. (제삼자에게 아웃소싱)

결국 2001년 9. 11 테러가 발생한 후에야 더 이상 무장 해제 이슈에 대한 시간을 끌어 보았자 미국의 대테러 강경 입장 선회로 타격을 입을 수밖에 없다고 판단한 신페인당과 아일랜드공화국군은 무장 해제를 시작한다.

아일랜드공화국군의 무장 해제는 검증의 방법으로도 난항을 겪었으나, 최종적으로는 독립국제무장해제위원회가 사진 등 물증을 대외 공개하지 않는 대신, 무장 해제 장소를 직접 방문 확인한 후 확인 사실을 대외 발표하는 방식으로 2001년 10월부터 시작되었고, 2005년 9월까지 4차례에 걸쳐 진행되었다.

즉, 보스니아 분쟁의 해결 방식을 참고하여, 아일랜드공화국군은 무기를 저장고에 봉인하여 유지하고, 이를 제삼자인 독립국제무장해제위원회가 동 봉인을 확인하면서, 단계별로 폐기를 검증하는 간접적 방식으로 진행되었다.

마지막 4번째 무장 해제 확인에는 친영파 민주통합주의당(DUP)의 요구에 따라, 민주통합주의당과 신페인당이 각각 임명한 2명의 증인(1명은 개신교 헤롤드 굿(Harold Good) 목사, 1명은 가톨릭 알렉 리드(Alec Reid) 신부가 함께 확인하는 방식으로 무장 해제와 관련한 양측의 불신과 우려를 불식시켰다.

사실 준군사조직의 무장해제 문제는 상징적인 의미가 컸으며, 결국 무장해제는 아일랜드공화국군이 더 이상 무장공격을 하지 않을 것이라는 것을 친영파가 믿을 수 있는지에 대한 신뢰(trust)의 문제였다.

영국은 아일랜드공화국군의 무장해제에도 불구하고 나중에 이들이 무기를 다시 확보할 수 있을 것이기 때문에 무장해제가 북아일랜드의 평화를 자동적으로 보장하지 않는다는 점을 잘 이해하고 있었다.

즉, 평화는 무기를 제거하는데 달려 있는 것이 아니라, 무기를 보유하려는 생각(mindset)을 없애는 데 달려 있다고 보았다.(블레어 총리 자서전《A Journey》)

아마도 아일랜드공화국군과 신페인당 측은 평화 협정을 체결하고 북아일랜드 자치 정부에도 참여하는 성과물을 얻으면서 자신들이 약속했던 무장 해제는 가급적 늦춰서 무장 해제 이슈를 유야무야하려는 의도가 다분했던 것으로 보인다.

하지만 2001년 9. 11 테러 발생 후 테러와의 전쟁이라는 국제 정치적 빅뱅이 발생하고, 2001년 8월 아일랜드공화국군이 남미 콜롬비아의 무장혁명군(FARC: Revolutionary Armed Forces of Columbia)과 군사 협력을 하고 있다는 것이 들통난다.

이에 미국은 아일랜드공화국군을 강하게 압박하기 시작했고, 미국이 신페인당 인사들의 미국 입국을 허용하지 않자 재미 아일랜드계 무장 투쟁 지지자들로부터의 자금 모금도 어려워지는 등 위기의식을 느낀 아일랜드공화국군은 무장 해제의 길로 들어서게 된다.

또한 아일랜드공화국군 및 신페인당 측 일반 당원 사이에서 1990년대 평화 무드에 편승하여 더 이상 무장 투쟁을 통해서는 남북 아일랜드 통일이 불가능하며, 합법적인 정치 조직을 통해 통일을 달성할 수 있다는 공감대가 형성되어, 아일랜드공화국군 및 신페인당 지도부도 이러한 분위기의 변화를 거스를 수 없었을 것으로 보인다.

Ⅲ. 남북 아일랜드 평화와 통일 그리고 한반도

한편, 무장 해제 이후에도 테러 조직들이 원하면 어떻게 해서라도 무기를 확보할 수 있었기 때문에 무장 해제 자체가 평화를 담보하는 것은 아니었고, 북아일랜드 준군사 조직의 무장 해제 문제는 무장 해제의 신뢰와 관련된 이슈이자 상징적인 이슈였다.

즉, 북아일랜드 신페인당이 실제로 무장 해제에 진정성이 있고 평화적인 정치적 수단으로 자신들의 목적을 추구하려 한다는 확신을 북아일랜드 친영파에게 심어 줄 수 있느냐의 문제였던 것이다.

아일랜드공화국군의 무장 해제가 완료된 2005년에 이르자 북아일랜드 구교도를 대변하는 세력이 온건파 사회민주노동당(SDLP)에서 아일랜드공화국군의 정치적 조직인 강경파 신페인당으로 바뀌었다는 점은 시사하는 바가 크다.

> * 토니 블레어 당시 영국 총리 비서실장이었던 조나단 파월(Jonathan Powell)의 북아일랜드 평화 과정에 대한 저서《Great Hatred, Little Hope - Making Peace in Northern Ireland》결론 중
>
> **"압박만으로는 원하는 결과를 가져올 수 없었다. 무장 해제라는 압박과 더불어 충분하게 매력적인 정치적 대안을 제시함으로써 무장 투쟁에서 벗어날 수 있는 유인을 제공하고, 정치적 대안이 아닌 폭력적 수단을 선택하는 것이 오히려 불합리하게 보일 수 있는 함정(trap)을 만들어야 한다."**

이러한 일련의 아일랜드 무장 해제 과정을 통해 아래의 교훈을 얻을

수 있다.

첫째, 일회성 행동으로 최종 목표를 달성할 수 있는 것이 아니라 일련의 과정을 통해서 문제를 해결할 수 있다는 점을 인식하고, 상대방에게 최후 통첩성 행동보다는 꾸준히 상호 신뢰를 구축해 나가면서, 대화의 실질적 가치를 보여 주고, 무장 해제라는 최종 목표를 위해 끊임없이 노력해 나가야 한다.

평화협정을 서명하기까지는 부단한 노력과 정성이 필요하지만, 평화협정 체결이 곧바로 평화로 이어지지는 않으며, 평화협정의 이행이라는 보다 어렵고 힘든 과정이 남아 있음을 잘 인식하고 준비해야 한다.

아일랜드공화국군의 항구적인 무장 해제는 협상 초기에 이뤄질 수 있는 것이 아니었으며, 신페인당이 합법적인 정치 활동을 통해 남북 아일랜드 통일과 북아일랜드 내 양측 커뮤니티 간 균등한 권리를 달성할 수 있는 제도적 · 정치적 여건이 형성(경찰 개혁(policing) 포함)되면서 평화협상의 제일 마지막 단계에서나 달성될 수 있는 목표였다.

* 조지 미첼(George Mitchell) 미국 협상 대표는 2003년 북아일랜드 평화 협정 25주년을 맞는 계기에 아일랜드 저널 기고문을 통해 **"실질적 의미로 우리는 700여 일 동안 실패했으나, 협상 마지막 날 하루에 성공하여 평화 협정을 체결할 수 있었다."**라고 언급하면서 끈기 있는 협상의 중요성을 강조하였다.

둘째, **무장 해제 약속 이행은 지지부진하다가, 무장 단체의 계산법을 바꿀 수 있는 결정적 요소(9. 11 테러 직후 미국의 대테러와의 전쟁)가 등장한 후에나 이뤄졌다. 또한 상대방으로 하여금 더 이상 뒷걸음칠 수 없는 정도(the point of no return)까지 상황을 빨리 진전시킨 것도 무장 해제를 촉진한 요인 중 하나이다.**

신페인당 측은 정치적 평화 협상이 전술적인 계산에 따른 것이지 무장 해제를 추구하는 것이 아니라는 논리로 무장 해제를 주저하던 아일랜드공화국군 강경파를 설득시키면서 거북이걸음으로 북아일랜드 평화 협상을 진전시켰다.

이에 협상에 참여한 미국, 영국, 아일랜드 정부 측은 아일랜드공화국군이 평화 협상에 관여할수록, 무장 투쟁 중단 기간이 길어질수록, 무장 투쟁으로 복귀하는 것이 더욱더 어렵게 될 것이라는 점을 인식하면서, 신페인당 및 아일랜드공화국군의 조심스런 입장 변화를 끈기 있게 지켜보았다.

결국 2001년 9. 11 테러 이후 미국의 강경 입장에 따라 신페인당 및 아일랜드공화국군은 정치적 참여와 무장투쟁 중 하나만을 선택할 수밖에 없는 진실의 순간(moment of truth)을 맞아, 정치적 해결을 통한 남북아일랜드의 통일을 택하고, 무장 해제를 시작하는 결정적 계기를 맞게 되었다.

한편으로 이런 무장 해제 결정은 신페인당이 그간 협상을 통해 얻었던 성과물을 포기할 수 없었던 측면도 있었다.

경찰 개혁 등을 통해 북아일랜드 구교도가 차별받지 않고 공평한 대우를 받을 수 있는 환경이 구축된 이후 무기가 더 이상 필요로 하지 않게 됨으로써 아일랜드공화국군의 무장 해제 요구 및 실행이 이뤄질 수 있게 되었다는 점은 북핵 폐기를 위한 우호적 환경 조성의 중요성을 보여준다.

북한은 아마도 비핵화라는 전략적 결정을 이행하기 전에 계속해서 펜스에 앉아서 상황을 엿보는 행동을 취할 것(sitting on the fence)이며, 우리로서는 북한의 비핵화에 대한 결단을 가져올 수 있는 우호적인 환경을 끈기 있게 지속적으로 조성함과 동시에 이러한 결단을 구체적인 행동으로 이끌어 줄 결정적인 요소가 필요할 수도 있다는 점을 염두에 둘 필요가 있다.

셋째, 무장 해제는 일방의 승리와 타방의 항복이 아니며, 무장 해제 후 재무장 가능성을 완전히 배제할 수 없고, 과도한 무장 해제 요구는 신뢰 구축에 장애가 될 수도 있으므로 양측 모두 수용할 수 있는 무장 해제 목표 및 방식에 대해 절충점을 찾아야 한다. **결국 최종 결과는 모든 당사자들을 만족시킬 수 있어야 한다.**

북핵 및 한반도 평화 체제 구축에서도 북한 및 국제 사회는 모두 승자가 될 수 있는 안착 지점(landing zone)을 찾아야 하며, 구체 이행이 없는 합의는 미합의보다 상황을 더 악화할 수도 있다는 점을 감안, 합의로 인해 일방이 패자로 비춰질 수 있는 상황을 피해야 한다.

완전한 비핵화 달성을 위해서는 북한의 협조가 필수적이라는 점을 감안하면 모든 당사자들이 만족할 만한 협상 결과가 이뤄져야 할 것이다.

넷째, 단기적으로는 건설적인 모호성(constructive ambiguity)이 합의에 유용할 수 있으나, 장기적으로는 이행이 어려워지고, 재협상 및 신뢰 문제를 야기시켜 문제가 장기화될 가능성이 높다는 점을 감안, 모호성을 최대한 피해야 한다.

아일랜드공화국군의 무장 해제 관련, 이를 이행하면서도 동시에 아일랜드공화국군이 일방적으로 항복하였다는 암시를 없애는 방안을 찾는 것이 핵심 이슈 중 하나였다.

이에 따라 상대방으로부터 무기를 빼앗아 파괴시킨다는 의미를 갖는 "무장 해제(decommissioning)"라는 용어 대신 "무기를 사용할 수 없게 만든다(putting arms beyond use)"라는 용어를 사용하게 되었는데, 양측 간 합의를 이루기 위해 어쩔 수 없는 선택이었으나, 그 구체적인 의미와 이행에 관한 이견이 지속되어 완전한 무장 해제까지 이르는 데는 상당한 시일이 소요되었다.

북한 비핵화 및 평화 체제 구축을 위한 합의를 위해서는 건설적인 모호성이 불가피할 것이나, 이를 이행하는 과정에서 이견을 최소화하기 위해서는 합의 단계부터 양측 간 최대한 합의할 수 있는 범위와 내용에 대해 컨센서스를 형성함으로써 건설적 모호성을 최대한 줄이는 노력을 하여야 할 것이다.

다만, 협상 초기 어려운 상황에서 대화의 끈을 유지하고 협상 타결을 위해서는 건설적 모호성을 추구하는 것이 오히려 단기적 명확성을 추구함으로써 협상 파국으로 이어지는 것보다는 나은 선택이며, 장기적인 모호성이 유지될 수 있는 공간을 마련할 경우 오히려 상호 신뢰 구축의 시간을 벌어 변화의 공간을 마련해 나갈 수 있다는 점도 간과하여서는 안 될 것이다.

그러면, 이러한 북아일랜드 무장 해제 사례를 북한의 비핵화에 적용하면 어떠한 시나리오를 생각해 볼 수 있을까?

북한의 비핵화 가상 시나리오: 북아일랜드 무장 해제 사례 적용

북한은 핵무기 개발이 장기적으로 정권 유지에 도움이 되지 않고 경제 개발에 부담으로 작용하여 지속 가능한 대안이 아니라는 점을 잘 인식하고 있으나, 핵무기를 포기했을 경우 리비아의 가다피 정권과 같은 붕괴 가능성을 우려하고 있다. 따라서 북한으로서는 핵무기를 보유하면서 동시에 경제 개발을 이뤄 장기적으로 안정적인 정권 유지를 하는 것이 최대의 목표다.

Ⅲ. 남북 아일랜드 평화와 통일 그리고 한반도

하지만, 국제 사회는 이러한 북한의 딜레마 상황을 잘 이해하고 있고, 북한과의 대화를 통해 먼저 북한에게 핵무기를 포기하면 평화 체제 구축을 통해 체제 안전을 보장해 주면서 경제 개발을 이뤄나갈 수 있도록 도와주겠다는 입장을 지속적으로 전달한다.

반면, 북한은 먼저 비핵화한 후 평화 체제 구축 및 대북 제재 완화를 나중에 이행하는 방안은 수용할 수 없다는 강경한 입장을 보임에 따라, 회담의 진전이 없게 되고, 결국 양측은 비핵화와 북한 체제 안전 보장을 포함한 평화 체제 구축, 그리고 대북 제재 완화를 통한 경제 지원을 동시에(in parallel) 추진하는 방안에 합의한다.

이후 대북 제재 완화를 통한 대북 경제 지원이 이뤄져 북한 주민들은 풍족해진 시장 경제 혜택을 느끼게 되고, 북한 정권의 안정에 큰 발판이 마련된다.

하지만, 동시 이행 약속과 달리, 북한의 비핵화는 합의문상의 모호성, 구체적 사찰 방법 및 대상범위, 비핵화의 시작 및 종료 시점 등에 대한 이견 등으로 진전이 지지부진해지면서, 북한의 비핵화 진정성이 의심받고, 공개된 것 이외 일부 핵무기 및 핵연료 은닉과 함께 다른 국가들과의 핵분야 협력 시도들이 드러난다.

이에 북한 비핵화를 둘러싼 갈등 및 긴장이 재차 고조되고, 자국 경제발전을 위해 한반도 안정이 필요하고, 미국의 대북 군사공격 가능성을 높게 본 중국은 대북 경제 지원 중단과 강력한 추가 유엔 제재를 통해 북한의 대외 무역 활동을 재차 통제하고 해외 자금줄을 막아 버린다.

이미 시장 경제의 맛을 느껴 버린 북한 주민들은 대북 제재에 따른 경제적 고통을 더 이상 받아들일 수 없다며 동요 조짐을 보인다.

북한은 비핵화 약속 폐기 및 핵확산 가능성을 암시하면서 강력 반발하나, 미국은 중국과의 암묵적 합의를 통해 한반도 인근에 대규모 미군 파견 및 북한에 대한 외과 수술적 타격이 임박해 있다는 메시지를 중국을 통해 북한에 전달하며, 북한은 미국과 중국의 공조에 따라 더 이상 버틸 수 없음을 인식하고, 양보의 명분을 요구한다.

결국 북한 정권의 입장으로서는 국내적으로 그리고 국제적으로 핵보유를 통해서는 더 이상 정권 유지가 힘들다는 것을 자각하게 되며, 북한 체제 안전 보장에 대한 미국과 중국의 약속을 재확인 하고, 체면을 구기지 않으면서 정치적으로 수용할 만한 선에서 실질적으로 비핵화를 실천에 옮기기 시작한다.

하지만, 상기 시나리오를 상정하면서도 북아일랜드 무장 해제와 북핵 폐기에는 아래와 같은 차이점이 있다는 점도 염두에 두어야 한다.

1. 아일랜드공화국군의 무장 투쟁은 테러와의 전쟁이라는 국제적 담론 형성 전부터 있어 온 이슈이며 북아일랜드 구교도의 민권 보호라는 정당성이 있었다. 반면, 북핵은 이미 국제 사회의 규범이 된 핵 비확산에 어긋난 행동이며 유엔 제재 등으로 국제화가 되어 버린 이슈로서, 그 정당성(미국의 적대시 정책)을 국제 사회가 얼마나 수용할 수 있을까?

2. 영국 토니 블레어 총리는 강자의 입장에서 협상 과정 중 '명예로운 기만(honourable deception'을 활용하여 평화 협상을 진전시켰지만, 과거 여러 차례 북한의 속임수를 경험한 국제 사회가 북한의 핵폐기 진정성을 믿을 수 있을까?

3. 국제원자력기구(IAEA)의 세부 기술적이고 과학적인 사찰이 북핵에 적용될 것인데, 이러한 사찰 과정에 북아일랜드의 정치적인 검증 방식이 북한의 사례에 적용될 여지가 있는가?

4. 다양한 시민 사회의 활동과 목소리가 중요한 역할을 한 북아
일랜드 사례가 시민 사회가 형성되어 있지 않은 북한에 적용될
수 있을까?

**다만, 저명한 평화학의 거두인 존 폴 레더락(John Paul Lederach)이 언
급한 것처럼 평화 구축을 위해서는 각 사례별 특수성에 해당하는 예
술적인 성격(art)과 함께 대부분 분쟁에 적용될 수 있는 기술적인 부분
(skill)이 있다는 점을 감안하면 북아일랜드의 평화 과정이 한반도 및 북
핵 이슈에 주는 시사점이 있을 것으로 믿는다.**

6. 남북 아일랜드 국경 협력과 남북한 협력 사업

지속적이고 항구적인 평화 달성을 위해서는 분쟁과 무장 투쟁을 종식
시키는 데 그치는 것이 아니라 우리가 원하는 모습의 평화를 구축하기
위한 적극적 노력이 필요하며, 이것이 양측 분쟁 당사자들이 모두 참여
하는 남북 아일랜드 국경 협력 사업이 필요한 배경이다.

남북 아일랜드는 정치적 제약에도 불구하고 분단된 1920년대 후반부
터 양측에 모두 이익이 되는 현실적으로 필요한 협력 사업을 추진해 왔
다.

그 대표적 사업으로 국경 지역에 접한 Erne호 준설 및 수력 발전 사업, 남북 전력망 연결 사업, Foyle호 연안 공동 어업 구역 설정, 더블린-벨파스트 철도 연결 사업 등이 있으며, 이러한 구체적인 국경 협력 진행을 통해 양측은 남북 협력 사업 추진의 공감대를 형성하였다.

나아가, 1980-1990년대 북아일랜드 평화 과정이 진행되고 본격적으로 추진되는 과정에서 남북 아일랜드 국경 협력을 구조화시켜 갈등의 환경을 완화시켜 왔다.

남북 아일랜드 국경 협력의 대표적 사업

- **(보건)** 질병에 대한 공동 대책 / 국경 지역 응급 상황에서 환자를 국경과 무관하게 가장 인접한 병원으로 이송 / 국경 지역 소아과 병원 건립 및 공동 이용 등을 통해 병원 접근 문제를 해결

- **(교육)** 자폐아 교육 프로그램 공동 운영 / 교사 상호 인정 제도 운영 / 장학사 상호 교류 / 학생 간 교류 (주로 전문대 이상 과정) / 국경 지역에 첨단 스포츠 및 레크리에이션 센터를 설립하여 스포츠를 통한 상호 접촉 공간으로 활용

- **(관광)** 양측 관광 기관이 아일랜드 섬 전체를 하나의 여행 상품으로 해외 관광객 유치 마케팅 사업 실시(북아일랜드 주상 절리 관광지인 자이언트 코즈웨이 방문객이 30년 전 10만 명 → 2017년 1백만 명으로 증가)

- **(환경)** 쓰레기 처리 공동 대응 / 국경 지역에 대한 생태계 공동 조사 등

- **(교통)** 양측 연결 공동 도로 관리, 철도, 버스 운행 / 북아일랜드 Derry(Londonderry)에 구축된 평화의 다리(Peace Bridge) 건설 → Foyle 강을 가운데 두고 그동안 단절되어 있던 구교도와 신교도 주민들이 도보로 자유롭게 이동하게 되어 상호 이해 심화 및 경제 발전에 기여

- **(무역증진)** 남북 아일랜드를 하나의 경제 공급망 체제로 운용 → 공동 무역 증진 사업 추진

이처럼 남북 아일랜드 국경 협력은 북아일랜드 평화 과정의 대표적이지만 조용히 성공한 사업으로 기록될 만하다.

남북 아일랜드 국경 협력은 국경 협력을 제도화시키고 명확한 협력 시스템을 구축하여 국경 지역 내 긴장을 약화시키며 정치적 상황 변화를 벗어나 지속 가능한 협력을 이룰 수 있다는 점을 보여 준다.

또한 아일랜드의 사례는 지속 가능한 국경 협력을 위해서는 양측 모두 이익이 되고(mutual benefit), 국민들이 직접 몸으로 그 긍정적 효과를 체감할 수 있는 사업에 집중할 필요가 있으며, 동시에 그 효과의 가시성을 높이기 위해 대표 사업(signature project)도 추진할 필요가 있다는 점을 잘 보여 준다.

일반 국민들의 지지가 없을 경우 정치 지도자들은 국경 협력 사업을 지속할 수 없다는 점에서 일반 국민들이 직접 국경 협력 사업의 긍정적 결과를 보고, 느낄 수 있어야 한다.

즉, 북핵 비핵화가 북한 정권 및 한반도 안정에 도움이 될 뿐만 아니라 북한 주민들의 경제생활 안정을 불러오고, 한국민들도 평화 혜택을 몸으로 체감할 수 있도록 하여야 한다.

남북 아일랜드 국경 협력 사업은 여전히 진행형이며, 이는 평화 구축 사업이 평화 협정 체결만으로 완성되는 것이 아니라 여러 세대에 걸친 사업이라는 점도 인식하고 긴 호흡으로 장기적이고 거시적으로 접근할 필요가 있다는 점도 잘 보여 준다.

특히, 개도국 개발 협력 사업에서와 같이 시민 사회의 협력 사업 참여는 상향식(bottom up) 접근 방법을 통해 사업 효과를 높이고, 장기적인 사업 추진의 역량 강화 및 사업에 대한 참여자의 주인 의식(local ownership)을 제고할 수 있으며, 정치적 풍파를 견딜 수 있는 토대가 마련될 수 있다는 점도 기억할 필요가 있다.

한편, 남북 협력 사업을 위한 재원 조달을 다변화시키고, 해당 재원 조달의 지속성을 확보할 필요가 있다.

남북 아일랜드 국경 협력 사업은 아일랜드, 영국 정부의 관여로 인한 불필요한 정치적 논란을 없애기 위해 유럽연합의 패키지를 적극 활용하고, 유럽연합의 패키지와 다른 별개의 다자 재원 패키지(미국 등 아일랜드계 이민자가 다수 거주하는 국가)도 운영함으로써 서로 보완적인 역할을 하고 있다.

남북 협력 사업에 대한 국제 사회의 재원 지원은 언젠가는 종료될 수 있다는 점을 감안하여 출구 전략(exit strategy)을 항상 염두에 두고 협력 사업의 지속성을 담보할 수 있는 방향으로 장기적 플랜이 마련되어야 한다.

* 남북 아일랜드 국경 협력 재원은 크게 △아일랜드와 영국의 정부 예산 지원, △EU의 예산(PEACE Fund / INTERREG), △미국, 캐나다, 호주, 뉴질랜드 정부 지원의 국제아일랜드기금(Int'l Fund for Ireland)으로 구성

7. 장기적인 평화 구축 노력과 통일 준비

아일랜드는 통일을 성급하게 추진하기보다는 평화 구축을 우선 추진하고, 현재의 분단 상황과 상대방의 실체를 인정하면서 향후 양측 국민들의 다수 여론이 찬성하여야 통일을 달성할 수 있다고 믿고 있다. 또한 통일의 여건이 충분히 성숙하기를 기다리는 등 장기전을 준비하고 있는 국가이다.

* 아일랜드 코웬(Brian Cowen) 전 총리의 2010년 4월 아일랜드 저널(Journal of Cross Border Studies in Ireland) 인터뷰 내용
"북아일랜드 평화 협의의 천재성은 우리 모두가 최종 목적지를 결정하지 않은 곳으로 함께 여정을 떠나기로 하였다는 점이다. (중략) 우리는 우리가 원하는 것을 위해 노력할 수는 있으나, 강요할 수 있는 것이 아니다. (중략) 최종적인 정치적 목적지는 시간이 해결해 줄 것이다. **우리는 이곳을 더 나은 곳으로 만들고 과거보다 덜 의심하고 덜 두려워하는 정치적 문화를 창출하며, 각자의 관할권을 존중하면서도 공동의 이해를 가질 수 있다는 개방적 자세를 가져야 한다. 우리는 지금 무엇을 함께 할 수 있는지에 대해 더 고민해야 한다."**

통일은 흡수 대상이 될 수 있는 상대방에게는 위협적인 용어가 될 수 있다. 물리적 국경이 없어진 작위적이고 성급한 통일은 당사자 모두에게 바람직하지 않다.

평화는 현재의 문제이고, 통일은 미래의 문제인데, 미래의 문제로 인해 현재의 문제 해결을 더 어렵게 할 필요는 없을 것이다. 오히려 지속적이고 장기적인 평화공존은 상호교류와 협력을 통해 통일의 가능성을 더 높일 수도 있다.

이점에서 통일보다는 평화 구축을 통해 점진적으로 통일의 방향으로 나아가고 있는 아일랜드의 사례가 단기간의 급격한 통일이라는 종착역에 이미 도착해 있는 독일보다는 우리에게 더 적합한 모델이 될 수 있을 것으로 본다.

구분	독일	한반도	아일랜드
분단 원인	패전-국제 냉전	식민 통치-국제 냉전	식민 통치
갈등 근원	이념과 체제	이념과 체제	민족과 종교
분단 구조	1민족 2국가	1민족 2국가	1민족 2국가 + 2민족 1국가
정부 형태	연방제	중앙 집권제	중앙 집권제
통일 방안	급속 흡수	점진 합의	점진 합의

* 출처: 독일-한반도-아일랜드 비교, 김정노, 《아일랜드 평화프로세스》, 324페이지)

앞서 언급하였듯이 아일랜드의 평화 과정이 가능했던 구조적인 환경은 EU라는 메커니즘에 영국(북아일랜드 포함)과 아일랜드 모두 회원국으로서 특히 1993년부터 적용된 EU 단일 시장 시스템을 통해 물리적 국경이 없어진 점에 있다. 민족 국가(nation-state)라는 배타적이고 근대적인 사고방식에서 벗어나 포스트모더니즘적인 열린 초국경 제도가 국경 지역에 적용됨으로써 국경 문제가 장애물로 대두되지 않았던 것이다.

아일랜드의 국경에 관한 담론의 변화 과정은 아래 표로 정리될 수 있다.

	환경	담론	방안
민족국가	영토	아일랜드 조국 통일	작위적 영토 통합
유럽연합	유럽 통합	유럽이라는 단일 정체성	유럽 국가 간 탈경계
북아일랜드 평화 협정	아일랜드 섬의 공동 공간	현실 인정 (헌법 개정)	남북 아일랜드 국경 간 협력

한편, 1998년 북아일랜드 평화 협상 과정에서 아일랜드는 국민 투표를 통해 아일랜드 헌법상 기존 영토 조항을 아일랜드 국민과 관련된 내용으로 바꾸고, 통일을 아일랜드 섬 주민들의 다수 의사에 바탕을 두고 달성한다는 희망 조항으로 변경함으로써 장기적인 공존의 틀을 만들었던 것도 주효하였다.

미국 재즈 테너 섹스폰 연주자 Joe Henderson의 앨범 제목에 '우리가 해결책의 일부가 아니면, 문제의 일부이다(If you're not part of the solution, you're part of the problem)'라는 말이 있듯이 아일랜드 정부는 북아일랜드 평화 구축에 장애물로 등장하였던 헌법상 영토 조항을 국민의 전폭적인 지지를 바탕으로 개정하였다.

아일랜드의 통일에 대한 개념은 ① 아일랜드 섬 전체의 "영토적 통일" → ② 북아일랜드 국민들의 "동의에 의한 통일" → ③ 아일랜드 민족(국민)에 근거한 "사람의 통일" 및 남북 아일랜드 국민들의 "동의에 의한 통일"로 진화해 왔다.

또한 통일에 대한 표현도 영토 통합이라는 명시적인 언급에서 점차 통일의 희망과 의지의 수준으로 희석되었고, 북아일랜드 영역에 대한 법적 주장도 명시적으로 아일랜드 영토에 속한다는 입장에서 아일랜드 국민을 정의하는 기준으로 아일랜드 영토를 언급하는 간접적 방식으로 대체되었다.

> *** 1937년 헌법**
> - 제2조: 아일랜드 영토는 아일랜드 섬 전체, 부속 도서와 영해로 구성된다.
> - 제3조: 아일랜드 영토가 다시 통합될 때까지, 그리고 헌법에 의해 설치된 의회와 정부가 보유하고 있는 영토 전역에 대한 관할권을 침해하지 않으면서, 의회가 입법한 법률은 제헌 의회 법률 및 여타 영토적 효과를 같은 것들이 적용되는 것과 같은 적용 영역과 범위를 보유한다.

* 1985년 힐스보로 협정 (Hillsborough Agreement)

- 제1조 양 정부(영국과 아일랜드)는 a) 북아일랜드 지위의 어떠한 변경이 단지 북아일랜드 국민들의 다수의 동의(consent)에 의해서만 일어날 수 있다는 점을 확인하며(affirm),

- b) 북아일랜드 대다수 국민들의 현재의 희망은 북아일랜드의 지위에 어떠한 변경도 있지 않기를 바라는 것임을 인식하고(recognise),

- c) 만약 미래에 북아일랜드 대다수 국민들이 통일 아일랜드 수립을 명확히 희망하면서 공식적으로 동의한다면(formally consent), 양측은 각자의 의회에서 그러한 희망의 효력을 갖는 입법을 제안하고 지지할 것임으로 선언한다(declare).

* 1993년 다우닝 선언(Downing Street Declaration)

- 그는(존 메이저 영국 총리) 영국 정부를 대신하여 영국이 북아일랜드에 이기적인 전략적 혹은 경제적 이해가 전혀 없다는 점을 재강조한다. 영국 정부는 아일랜드 섬 사람들만이, 아일랜드 섬 남북 양쪽에서 각자 자유롭고 동시에 이뤄질 동의에 따라 자결권을 행사하여 통일 아일랜드를 가져온다는 데 동의한다.

- 아일랜드 총리(알버트 레이놀즈)는 대다수 북아일랜드 국민들의 자유롭게 이뤄진 동의가 없이 통일 아일랜드를 강제하려는 시도는 잘못된 것임을 인식한다. 아일랜드 총리는 아일랜드 국민 전체에 의한 민주적 자결권은 대다수 북아일랜드 국민들의 합의와 동의에 따라 성취되고 행사되어야 하며, 정의와 동등성에 맞춰, 양측 커뮤니티의 민주적 존엄성, 그리고 시민권과 종교적 자유를 존중하여야 한다는 것을 수용한다. 또한 아일랜드 총리는 아일랜드 헌법 요소에 북아일랜드 내 영국과의 통합론자들이 매우 분개한 요소가 존재한다는 점과, 동시에 이러한 요소는 많은 아일랜드 남녀의 마음속 깊이 자리잡고 있는 희망과 이상도 반영한다는 점을 인식한다.

* 1998년 개정 헌법

- 제2조: 아일랜드 부속 도서와 영해가 포함된 아일랜드 섬에서 태어난 모든 사
  람들은 아일랜드 국민의 일부가 될 수 있는 법적 그리고 천부적 권리를 가진
  다. 이는 또한 법에 따라 다른 방식으로 아일랜드 시민이 될 수 있는 자격을 얻
  은 모든 사람들의 법적 권리이기도 하다. 이와 더불어 아일랜드 국민은 문화
  적 정체성과 유산을 공유하면서 해외에 거주하고 있는 아일랜드 조상의 자손
  들과 특별한 유대를 소중히 여긴다.
- 제3조: 통일 아일랜드는 아일랜드 섬 내 두 개의 관할권에서 민주적으로 표현
  된 대다수 국민들의 동의에 따라 평화적인 방법으로만 이뤄져야 한다는 점을
  인식하면서, 각자의 정체성과 전통의 다양성 속에서 아일랜드 섬 영토를 공유
  하고 있는 모든 국민들이 조화와 우정 속에서 통일되는 것이 아일랜드 국민들
  의 굳건한 의지이다. 그때까지 이 헌법에 의해 설치된 의회가 제정한 법들은
  이 헌법이 적용되기 직전 존재하였던 의회가 제정한 법들과 같은 적용 영역과
  범위를 가진다.

한편, 남북 아일랜드 경제적 상황의 반전도 남북 아일랜드 통일 논의
가 보다 쉽게 수용되는 이유 중 하나이다.

1921년 아일랜드 독립 당시 농촌이 주력 산업이었던 아일랜드에 비해
북아일랜드는 방직과 조선업 등이 주력을 이루고 있었고 아일랜드보다
경제적으로 부유한 삶을 살고 있었다.

하지만, 1990년대 켈틱 타이거라는 경제 부흥을 거치면서, 아일랜드
는 더 이상 가톨릭의 억압과 빈곤 속에서 허덕이는 것이 아니라 보다 개

방적이고 자유로우며 자신감이 넘치는 부유한 경제를 보유하게 되었고, 이러한 남북 경제 상황의 역전은 북아일랜드 주민들의 통일로 인한 불안감을 불식시키는 요소로도 작용하고 있는 것으로 보인다.

사실 1921년 남북아일랜드 분단 시기에 북아일랜드 내에는 신교가 65%, 구교가 30% 정도였으나, 2011년 인구 조사에서는 신교가 48%, 구교가 45%를 차지하는 등 점차 구교 주민 비율이 높아지고 있어 향후 통일 여부에 대한 국민 투표에서 북아일랜드 내 통일을 선호하는 주민 여론이 더욱 높아질 것으로 전망된다.

다만, 2011년 인구 조사에서 종교가 아닌 정체성에 대한 질문에 대해서는 자신이 영국인이라는 답변에 40%, 아일랜드인이라는 답변에 25%, 북아일랜드인이라는 답변에 21%가 답함으로써 신교 영국인과 구교 아일랜드인이라는 정체성 이외의 제3의 정체성('북아일랜드인')이 등장하고 있는 점은 눈여겨볼 만하다.

한편, 남북 아일랜드 통일을 적극 추진하는 신페인당은 아일랜드 정식 명칭이 아일랜드(Eire 혹은 Ireland)라고 헌법에 적시되어 있음에도 불구, 남쪽 국가(Southern State), 자유 국가(Free State), 아일랜드 남쪽(South of Ireland), 26개 도(26 Counties)으로 지칭하고, 북아일랜드를 아일랜드 북쪽(North of Ireland), 점령 6개 도(Occupied 6 Counties)로 지칭하고 있는 점도 남북한 상호 명칭 문제를 환기시키는 이슈이다.

최근 남북 아일랜드에서는 브렉시트로 인해 통일을 서둘러 준비해야 한다는 시각이 대두되고 있다. 하지만 매년 영국이 북아일랜드에 지원하고 있는 연간 10억 파운드에 달하는 예산지원을 통일 후 아일랜드가 감당할 수 있을지에 대해 우려가 있고, 통일을 서두르다가 오히려 북아일랜드 내 친영파의 반발을 초래하여 폭력적 테러상황이 남북 아일랜드에서 재발할 수도 있다는 점에서 아일랜드 정부는 통일 논의보다는 남북 아일랜드 간 상호신뢰를 회복하고 실질적으로 협력할 수 있는 영역을 탐색하는 등 조심스럽게 접근하고 있다.

위와 같은 남북 아일랜드의 경험은 우리에게 어떠한 교훈을 주는가?

우리로서는 한반도의 주변 환경이 남북 평화 통일에 우호적으로 작동할 수 있도록, 동북아 담론을 민족 국가적인 시각으로 1민족 1국가의 통일을 추구하기보다는 장기적으로 한반도 평화를 위해서 남북한의 실체를 인정하면서 상호 공존과 협력이 필요하다는 시각으로 남북한 문제를 바라볼 필요가 있다.

즉, 단기적으로 급격한 혼란을 야기할 수 있는 통일에 집중하기보다는 분단 현실을 인정하면서 한반도에 지속 가능한 평화를 구축하는 데 보다 많은 힘을 쏟아 나가는 것이 현실적이고 지속 가능성이 있는 방안이며, 이러한 담론과 고민이 반영된 법과 제도의 변화를 추구하여야 한다.

미-중 간에 전략적 경쟁이 심화되고 있는 최근 상황에서 한반도 평화 구축은 우리에게 미-중 경쟁에서 벗어나 운신의 폭을 넓힐 수 있는 기회가 될 수도 있다.

또한 지엽적인 한반도의 평화 구축을 넘어서 동북아 지역의 공동 안보의 틀을 논의하는 등 지역 다자 안보적 차원에서 접근하여 우호적 국제 환경을 만드는 것이 중장기적으로 주변국의 한반도에 대한 인식을 바꾸는 데 일조할 것이다.

한반도의 평화구축을 남북한만의 성과가 아니라 동북아 지역 모든 이해 당사국들의 주요 성과로 만들어 이들의 주인의식을 유도하고, 이를 통해 한반도 평화 유지 및 관리에 대한 주변국들의 우호적 입장을 적극적으로 만들어 나가야 하겠다.

한편, 평화협정의 이행의 어려움과 장기간의 시일이 소요된다는 점을 인식해야 한다.

평화협정의 체결이 평화달성의 중요한 첫 걸음임에는 틀림없으나, 평화협정 서명 후 그 이행에는 수많은 우여곡절과 난관이 버티고 있는 더 어려운 과정이라는 점을 인정하고, 이를 적극 준비해 나가야 한다.

그간 갈등과 무장투쟁을 합리화하는 이념과 관성이 굳어져 있는 것을 녹이는 과정은 많은 시일을 필요로 한다. 평화협정의 이행과정 중 발생할 많은 난관은 역설적으로 좌절하기보다는 오히려 더 많은 노력이 필요하다는 점을 보여 준다.

북아일랜드에서 발생한 가장 큰 무장테러는 1998년 4월 북아일랜드 평화협정이 체결된 후인 1998년 8월에 발생한 Omagh 테러사건 이었다는 점은 평화협정 이행의 어려움을 새삼 보여 주는 사례이다.

* 토니 블레어 당시 영국 총리 비서실장이었던 조나단 파월(Jonathan Powell)의 북아일랜드 평화 과정에 대한 저서 《Great Hatred, Little Hope - Making Peace in Northern Ireland》 서두 중

"북아일랜드 평화 협정(성금요일 협정) 체결 후 우리는 이행만 하면 되겠다고 생각했으나 끈기의 시험대에 오르게 되었다. 나는 블레어 총리에게 어떤 일이 있더라도 상황을 계속해서 진전시켜 나가야 한다고 언급하였다. 이는 자전거를 타는 것과 같은데, 만약 자전거가 넘어지면 공백이 생기고, 이 공백은 폭력으로 채워질 것이기 때문이었다. 결국 우리는 평화라는 것이 일회성 행사(event)가 아니라 하나의 과정(process)이라는 점을 깨닫게 되었다."

* 토니 블레어 영국 총리 자서전 《A Journey》 179페이지

"비록 우리는 지도를 가지고 있었지만, 여행의 목적지까지 도달하기까지는 여전히 수마일이 남아 있었다."

북아일랜드, 한반도 및 이스라엘-팔레스타인 문제 해결의 어려움과 관련하여 다음과 같은 이야기가 있다.

아일랜드 총리가 하느님 앞에 가서 북아일랜드 평화가 언제 가능하겠냐고 질문을 하자 하느님께서 "Not in YOUR life(너의 인생 동안에는 불가능하다)."라고 답변한다. 다음 차례로 한국 대통령이 하느님 앞에 가서 한반도 평화가 언제 가능하겠냐고 질문을 하자 하느님께서 마찬가지로 "Not in YOUR life(너의 인생 동안에는 불가능하다)."라고 답변한다. 마지막으로 이스라엘 총리가 이스라엘-팔레스타인 간 평화가 언제 가능하겠느냐고 질문하자, 하느님은 이스라엘 총리의 눈을 빤히 처다보면서, "Not in MY life(하느님인 내가 존재하는 동안에는 불가능하다)."라고 답변한다.

이 이야기는 이스라엘-팔레스타인 문제 해결의 어려움을 말하기 위한 목적이 크지만, 저자에게는 북아일랜드 평화 과정이 가능하였다면 한반도 평화 구축도 가능하다는 것으로 이해되며, 이를 위해서 우리는 보다 적극적이고 긍정적인 사고로 노력해 나갈 필요가 있을 것으로 본다.

한국과 아일랜드

1. 한국과의 오랜 인연

19세기 시작된 양국 간 인적 교류는 식민지 경험이라는 공통점을 갖고 인연이 시작되었으며, 이후 콜롬반 수도회 및 사도의 성요한 수도회 등의 선교 활동과 아일랜드인들의 한국전 참전으로 인연이 더욱 깊어졌다. 또한 남북 분단 경험 및 극복 노력도 양측이 공유할 수 있는 요소이다.

* 아일랜드 콜롬반 선교회 소속의 한 수녀님은 한국의 추석을 맞아 아일랜드에서의 추수감사절 시기를 그리워하면서 칠면조 고기가 먹고 싶다는 말을 하였는데, 이를 가만히 듣고 있던 이웃집 아저씨가 그 다음날 수녀님이 드시고 싶다는 고기를 가져왔다고 한다. 그런데 그 고기는 다름 아닌 '토끼'고기였다나…. 칠면조 고기의 영어 발음인 '터키(turkey)'를 한국어 '토끼'로 잘못 알아듣고 '토끼'고기를 가져온 것이었다. 수녀님들의 고향에 대한 외로움을 달래고자 한 한국식 情의 표현이랄까?

지리적으로 먼 위치에 있는 한국과 아일랜드 사이에 어떻게 인연이 시작되었을까? **한국인과 아일랜드인의 인적 교류는 양국이 각각 일본과 영국의 식민 지배를 받던 19세기로 거슬러 올라간다.**

　한국인으로서는 대표적으로 유길준, 안익태가 19-20세기 초에 아일랜드를 방문하였으며, 아일랜드인으로서는 존 멕리비 브라운(John McLeavy Brown)과 윌리암 조지 에스톤(William George Aston)을 들 수 있겠다.

　존 멕리비 브라운은 1892년 8월부터 1904년 말까지 고종 황제 재정 고문으로 임명되어 왕실의 재정 안정에 기여하였고, 덕수궁 석조전 건축과 한국 내 서양식 첫 공원인 파고다 공원 건립을 주도하였다.

　윌리암 조지 에스톤은 유창한 한국어를 구사한 주일 영국 외교관으로서 1882-1883년 조영 우호 통상 조약 체결 당시 통역과 협상을 맡았고, 1884-1885년 서울에서 주한 총영사직을 수행하면서, 김옥균, 박영효 등 개화파들과 폭넓은 교류를 하였다.

　유길준은 최초의 해외 유학생으로 미국 유학 후 귀국길에 유럽에 들렀는데 1885년 7월부터 아일랜드를 포함하여 영국, 프랑스, 독일, 네덜란드, 포르투갈 등 서유럽 국가를 유람한 뒤 1885년 12월 인천 제물포에 도착했다. 당시 아일랜드는 감자 대기근(1845-1849년)을 겪은 지 얼마 되지 않은 시기로 가난한 식민지 농업 국가였으며 아일랜드 민족주의가

고취된 시점이었다.

한편, 안익태는 1937년 11월 4일 뉴욕을 떠나 유럽으로 향하였으며, 1938년 2월 20일 아일랜드 라디오 교향악단의 객원 지휘자로 애국가가 포함된 "코리아 판타지"의 초연을 더블린 게이어티 극장(Gaiety Theater)에서 연주하였다.

아일랜드는 영국의 식민 지배에 반발하여 1916년 부활절 봉기를 일으킨다. 이는 우리의 1919년 3. 1 만세 운동처럼 일반 국민들의 독립운동의 의미를 갖는 사건으로, 부활절 봉기 당시 배포된 당시 독립 선언문은 우리의 3. 1 운동 당시 독립 선언문처럼 공화주의(Republic)를 지향하고 있다는 점도 매우 유사하다.

* 1916년 부활절 봉기 당시 아일랜드 독립 선언서: "(…) 우리는 아일랜드의 주권과 소유권, 그리고 어떠한 제약도 있을 수 없는 아일랜드의 운명이 자주적이며 무효 불가한 아일랜드 국민의 권리임을 선언한다. (중략) 우리는 기본 권리를 바탕으로 세계만방이 알도록 무장을 통하여 아일랜드 공화국이 자주독립 국가이며 자유와 복지 그리고 여타 국가 못지않게 뛰어나다는 점을 우리 자신과 전우들의 목숨을 바치며 선언한다…"

* 1919년 3. 1만세 운동 당시 한국 독립 선언서: "(…) 우리는 오늘 조선이 독립한 나라이며 조선인이 이 나라의 주인임을 선언한다. 우리는 이를 세계 모든 나라에 알려 인류가 모두 평등하다는 큰 뜻을 분명히 하고, 우리 후손이 민족 스스로 살아갈 정당한 권리를 영원히 누리게 할 것이다…"

또한 1919년 파리 평화 협상에 아일랜드도 대표단을 보내, 아일랜드 독립의 필요성을 설득하려 하였고, 한국도 파리 평화 회담에 대표단을 파견해, 한국 독립을 국제 사회에 설득하기도 하였는데, 아마도 동일한 목적을 가지고 있던 두 대표단이 당시 파리에서 조우할 수도 있지 않았을까 상상해 본다.

한편, 우리 임시 정부는 이승만 대표와 서영해 파리 특파원 등을 단원으로 한 대표단을 1931년 국제 연맹 이사회에 파견하여 일본 식민 지배의 부당함을 호소하였는데, 당시 국제 연맹 이사회의 일원이었고 유사한 식민 지배 경험을 보유하고 있던 아일랜드와 의견 교환이 있지 않았을까….

이처럼 양국은 각각 영국과 일본의 식민 지배를 받은 역사를 공유하고 있다. 한편, 일본의 지식인들은 한국의 독립운동에 직면하자 영국의 식민 정책에 관심을 갖게 되었고, 아일랜드의 식민 지배 사례가 관심 대상이 되었다.

특히, 일본의 식민 정책의 대표적 학자인 야나이하라 타다오는 1921년 영국과 아일랜드를 방문한 경험을 바탕으로 영국과 아일랜드 간 식민 관계를 빗대어 조선을 일본의 아일랜드라 불렀으며, 아일랜드 사례를 감안하여 무장 투쟁을 피하기 위해서는 조선의 자치권을 부여하는 것이 완전히 합병하는 것보다 바람직하다고 주장하기도 하였다.

한국 최초의 여성 선교 의사이자 언더우드 선교사의 부인인 릴리어스 호튼 언더우드(Lillias Horton Underwood)도 1904년 집필한 저서《상투머리 사람들과 함께 지낸 15년: 한국에서의 삶》에서도 일제 식민지배 상황에 처해 있는 한국을 '아시아의 아일랜드'로 기록하기도 하였다.

한편, 아일랜드의 부활절 봉기(1916년) 이후 아일랜드 독립 전쟁은 일제 식민 지배하에 있던 한국에 큰 영감을 주었고, 특히《동아일보》는 1920년 4월 1일 창간호부터 1920년 9월 25일 정간 때까지 매일 아일랜드 독립 전쟁을 보도함으로써 조선의 독립 의식을 고양시켰다. (4월 9일-4월 21일간 아일랜드 문제의 근원에 대해 연재)

*《동아일보》 1920년 4월 9일자: "아일랜드 문제는 실로 오늘날 세계의 일대 문제로다. 아일랜드 자체가 중대하여 그런 것은 아니나 영국이라는 세계 패왕의 융체에 관한 문제를 배경한 문제인 고로 세계는 지금 동 문제의 진보에 대하여 괄목환시하는도다. 취중 아일랜드와 동일한 운명에 있는 소약 민족에 대하여는 그 영향과 관계가 더 중대하도다."

아일랜드 Independent 신문도 한국의 식민 지배 상황에 대해 동병상련으로 관심을 갖고 있었으며, 1919년 3월 12일자 신문에서는 "한국의 신페인(Sinn Fein in Korea)"이라는 제목의 기사를 통해 한국의 3. 1 운동을 수동적 저항 운동으로 설명하면서, 한국 전역에 확산되고 있어 정부가 억압하기 힘들 것이라는 내용 등을 게재하기도 했다.

한편, 김구의《백범일지》에 따르면, 이륭양행을 운영하던 영국인이 만주에서 상해로 탈출할 당시 상선을 이용하여 김구 선생을 포함, 독립 투사들을 도와주고 물적으로도 많은 지원을 준 것으로 표현되어 있는데, 이 영국인은 다름 아닌 조지 루이스 쇼우(George Lewis Shaw)로 아일랜드인이었다. 이러한 기여를 감안, 한국 임시 정부는 1912년 조지 루이스 쇼우(George Lewis Shaw)에게 공로 훈장을 수여하였다.

* 《백범일지》 내용: "안동현에서 1919년 2월(음) 어느 날 영국 상인 죠지 쇼우의 윤선을 타고 동행 15인과 함께 4일간의 항해 끝에 상해 포동부두에 도착하였다.", "황해안을 지나갈 때 일본 경비선이 나팔을 불고 따라오며 배를 세울 것을 요구하나 영국인 선장은 들은 체도 아니하고 전속력으로 경비 구역을 지나서 4일 후 무사히 포동부두에 닻을 내렸다. 같이 탄 동지는 모두 15명이었다."

* 님 웨일스의 《아리랑》: "안동회사의 책임자는 아일랜드인 테러리스트였는데 우리 한국인들은 그를 샤오라고 불렀다. 그는 일본인을 영국인만큼이나 싫어했다. 그래서 커다란 위험을 무릅쓰고 한국의 독립운동을 열렬히 지원해 주었다."

《No Foreign Bones in China》 Peter Stursberg 저
(George Lewis Shaw 외조카)

Samuel Lewis Shaw 선장은 미얀마, 중국 일대의 화물선을 소유한 거상이었는데, 일본인 처(Ellen O'Sea)와 재혼을 통해 5남 2녀의 자녀를 두었다. 그의 첫째 아들 George Lewis Shaw는 1900년대부터 1943년 사망 때까지 화물선 무역 및 조선 광선 운영도 하는 등 아버지보다 더 거상이 되었다. 이 George Lewis Shaw는 아일랜드인이었으나, 당시 아일랜드가 영국 식민지하에 있었으

아일랜드 그곳이 알고 싶다

므로 영국 국적자로서 만주 안동에 회사(이륭양행)를 두고 활동하였다. 당시 아일랜드의 식민 지배 상황을 잘 알고 있었던 George Lewis Shaw는 김구 선생을 포함 한국의 독립투사들을 물심양면으로 많이 도와주었고, 이로 인해 6개월 간 징역의 고초도 겪어야 했다.

- "1919년 한국에서 일을 할 때 일본은 한국의 혁명 인사들을 도와주었다는 죄로 교도소에 투옥시켰으며, 자국민 투옥에 대한 영국의 항의 덕분에 6개월만 징역형을 살고 나왔다."(181페이지)

한편, 앞서 언급한 바와 같이, 영국의 식민 지배 기간 및 아일랜드 독립 투쟁 기간 중 아일랜드 국민들은 켈트 문화라는 전통 문화를 적극 강조하고 받아들임으로써 영국 식민 문화와 다른 독자적인 민족 문화를 강조하였고, 게일어라는 고유 언어는 아일랜드 국가 건설의 핵심 요소로 자리잡았다.

이는 한국이 일제 식민 기간 중 단군 신화를 강조하고, 일제의 한국어 말살 정책에 대항하여 한글 보존을 위해 노력하였던 우리의 국가 건설의 접근 방식과 유사하다고 볼 수 있겠다.

한국과 아일랜드를 잇는 또 다른 중요한 연결 고리는 콜롬반 선교사들의 한국에서의 활동 및 기여이다. 1933년 한국(전남 지역)에서 활동을 시작한 콜롬반 신부, 수녀분들은 클레어, 티퍼러리, 마요, 슬라이고, 웨스트 포트, 골웨이, 코크, 더블린 등 아일랜드 각지에서 태어나신 분들이며, 한 달 넘게 미국을 거쳐 한국에 도착하는 여정부터 시작하여, 헐벗고 있던 한국인들과 고난의 역사를 동행하신 분들로서 이들의 한국 및 한국인들에 대한 기여와 사랑은 뭉클한 감동을 준다.

특히, 한국전 당시 7명의 콜롬반 신부들이 총살되거나 북한으로 강제 연행되는 중 사망하기도 하였다. 대표적인 콜롬반 신부로 도네갈 출신 맥그린치(Patrick J. McGlinchey, 한국명: 임피제) 신부는 1954년 제주에 정착해 성 이시돌 목장을 개척하고 평생을 제주도에서 제주 도민들과 보낸 후, 2018년 90세를 일기로 사망하였으며 선교와 사회 사업 공로를 인정받아 2014년 아일랜드 대통령상을 수상하였다.

* 문재인 대통령, 패트릭 J. 맥그린치 신부 선종 조전(2018. 4. 24) 내용 중
"고인께서는 4.3 사건과 한국 전쟁으로 피폐해진 제주도에 한줄기 희망의 빛으로 오셨습니다. 성 이시돌 목장을 설립하여 제주의 가난을 떨쳐 내고자 하셨고, 병원, 요양원, 유치원 등 복지 시설과 신용 협동조합을 세워 가난하고 소외된 자들의 친구가 되어 주셨습니다."
"파란 눈의 아일랜드 신부님은 그렇게 제주의 아픔을 보듬고 치유하며 우리 국민의 가슴 속에 하느님의 사랑과 평안을 깊이 새겨 주셨습니다."

또한 한국의 시조, 가사 등 한국 전통 문학 작품과 현대시 및 소설 등 2천여 편을 영어로 번역하신 케빈 오록크(Kevin O'Rouke) 신부님도 2009년 우리 정부로부터 문화 훈장을 수여받는 등 양국 관계에 중요한 기반을 닦으신 분이다.

한편으로 천주의 성요한 수사들의 활동도 눈에 띈다. 1958년 아일랜

드 관구 5명의 수사들이 전라도 광주에서부터 시작한 의료 분야, 특히 정신 치료 분야에서의 높은 기여는 지역 사회에 여전히 그 발자취를 남겨 놓고 있다. (광주 천주의 성 요한 병원, 춘천 시립 병원, 서울 늘푸른나무 복지관, 광주 북구치매 주간 병원, 광주 동구 정신 보건 센터, 광주 요한 알코올 상담 센터 등)

아일랜드는 당시 소련의 반대로 인해 1955년에야 유엔에 가입하였고, 군사 중립주의를 유지하고 있었기 때문에 한국전에 참전하지는 않았으나, 해외 이민을 갔던 아일랜드인들이 영국군, 미군, 호주군 등의 일원으로서 한국전에 참전하였고, 유엔군이 참여한 1951년 해피벨리(경기도 양주시 일대) 전투에서 100여 명이 넘는 아일랜드군이 사망하기도 하였다.

> * 2005년 3월 국빈 방한한 메리 멕칼리제(Mary McAleese) 아일랜드 대통령의 이화여대 명예 박사 학위 계기 연설: "영국군 일원으로 한국전에 참전하였던 부대는 왕립 얼스터 소총 부대(Royal Ulster Rifles)로 부대원들은 나의 출신지인 북아일랜드의 구교와 신교 커뮤니티 출신들이었다. 1951년 1월과 4월 두 차례에 걸친 전투 끝에 130여 명의 사망자가 나왔다. 오늘 나는 숭고한 희생을 치른 나의 애국자들과 그 애국자들을 잃은 외로움을 견디면서 희생을 치른 전우들과 가족에게 존경을 표한다."

한편, 가톨릭 신자인 아일랜드 일반인들은 한국전이 공산 제국주의의 침략이라고 비판하고, 아일랜드 선교사들의 순교 소식을 들으면서, 유엔군의 승리를 기원한 반면, 아일랜드 정부는 한반도 분단이 전쟁의 원인이 되었다면서, 아일랜드 분단 문제를 대외적으로 부각시키는 데 한국전을 적극 활용하기도 하였다.

우리로서는 아일랜드 종교인, 한국전 참전 용사들의 한국에서의 고귀한 희생에 대해서는 지속적으로 감사를 마음을 전할 필요가 있으며, 이는 양국 관계에서 매우 중요한 토대 중 하나이다.

* 2014. 6. 25 아일랜드 참전 용사 추모 공원 추모비 제막식에서 참전 용사 Mark McConnell 씨가 전사한 동지들과 콜롬반 선교사들을 추모한 시
"한국의 산등성이에는 우리들의 피가 있다.
그것은 자유를 사랑하는 우리들의 피다.
우리의 이름은 영광 속에 영원할 것이고,
우리의 영혼은 천국 위에서 편히 쉴 것이다.
청년들이여, 이 전쟁이 끝나 각자 더블린 그리로 벨파스트로 돌아갈 때
한국에 남겨 놔야 했던 우리 전우들을 결코 잊지 마라."

이낙연 총리 아일랜드 공식 방문(2018년 5월)

또한, 아일랜드의 독립 및 분단의 역사는 우리의 일제 해방 및 남북한 분단의 역사와 유사하다. 특히, 아일랜드 독립 과정 중 각 정치 세력들 간의 대립과 이합집산은 우리의 해방 후 정파 간 대립 양상과 유사하다.

하지만, 한반도의 분단은 냉전이라는 외부 환경에 의해 강요된 반면, 아일랜드 분단은 분단의 현실을 수용한 아일랜드 내 타협 세력과 북아일랜드 내 친영파를 보호하려는 영국 정부 간의 타협물이었다.

아일랜드는 헌법상 북아일랜드가 자신의 영토에 속하므로 인정할 수 없다는 입장을 견지하면서도 실질적으로는 현실을 그대로 방치하는 무관심한 태도를 보였다.

1950년대 후반부터 1960년대 후반 사이에 남북 아일랜드 경제 협력에 대한 논의 및 일정 진전도 있었으나, 1960년대 후반부터 시작된 북아일랜드 구교파의 시민 불복종 운동이 발생하고, 특히 1981년 친아일랜드파의 교도소 단식 투쟁 사건 및 아일랜드공화국군의 무장 투쟁이 시작됨으로써 아일랜드 정치 지도자 및 국민들이 북아일랜드에 대한 적극적 관심을 갖게 된다.

이러한 아일랜드의 북아일랜드에 대한 관심과 더불어, 영국과 아일랜드의 유럽공동체 및 EU 단일 시장 가입, 1998년 북아일랜드 평화 협정 체결, 준군사 조직들의 무장 해제, 영국군의 남북아일랜드 국경 철수 등으로 남북 아일랜드 국경선의 의미는 퇴색하게 되었다.

1980년대 후반부터 시작된 남북 국경 협력 사업으로 인해 남북 아일랜드 국경 주민들 간 교류 협력 사업이 점차 확대되어 온 것도 양측 간 긴장 완화 및 이해 증진에 더욱 기여하게 되었다.

영국과 아일랜드 모두 EU 회원국이라는 점은 북아일랜드의 친영파건 친아일랜드파건 EU라는 공통분모를 제공하고, 이는 정파 간 차이가 아닌 공통점을 바탕으로 협력 사업을 진행할 수 있다는 것을 의미하였다.

하지만, 2020년 영국의 EU 탈퇴로 인해 북아일랜드와 아일랜드는 이러한 EU 공통분모에서 멀어지고 있어 그간 남북 협력의 과실이 어떻게 유지 확대될 수 있을지 우려가 제기되고 있다.

따라서 아일랜드 남북 분단의 역사는 한반도의 분단 상황과 관련하여 동병상련의 심리적 이해를 공유하는 동시에, 남북 아일랜드 국경을 잇는 각종 평화 협력 사업의 과거, 현재와 미래의 모습들은 한반도 평화 구축 과정 중 남북한 평화 사업에 좋은 사례와 교훈을 줄 수 있으며, 최근 이와 관련한 한국과 아일랜드 정부 및 학계의 교류가 더욱 활발해지고 있는 추세이다.

* 2013년 3월 방한한 바라드카(Leo Varadkar) 교통 · 관광 · 스포츠 장관은 코리아 타임즈와의 인터뷰를 통해 분단국가라는 공통점 때문에 한국에 대한 관심이 높다고 언급하면서, 아일랜드 남북 각료 위원회(North South Ministerial Council)라는 제도를 통해 매년 2차례 각료 회동을 갖고, 남북 협력 사업에 대

한 논의가 이뤄짐으로써 남북 아일랜드 신뢰 구축에 기여하고 있다고 설명하면서, 남북한에 잠재적인 모델이 될 수 있다고 답변하였다.

* 2020년 5월 4일 바라드카 총리는 문재인 대통령과의 전화 통화를 통해 양국이 처한 환경이 다르지만 한반도 평화 프로세스에 도움이 된다면 북아일랜드 평화 구축 과정에서 얻은 경험과 전문성을 지원하고 싶다는 점을 밝혔다.

한편, 한국과 아일랜드는 1983년 10월 4일 수교하였고, 주아일랜드 대한민국 대사관은 1987년 7월 10일 그리고 주한 아일랜드 대사관은 1989년 9월 2일 상주 공관으로 개설되었다.

양국 수교 과정을 보면, 아일랜드는 한국을 수출이 확대될 수 있는 잠재 시장으로 보고 접근한 반면, 한국은 1960년대 초반부터 아일랜드를 반공 국가로서 친한 국가 확보라는 정치적 이유가 더 컸던 것으로 보인다.

양국은 그간 상호 이해를 바탕으로 과거 이데올로기적, 경제적 이해관계를 넘어서 다방면의 미래 협력을 위한 여정을 시작하여야 할 것으로 보인다.

2. 양국의 미래 동행

민주주의, 인권, 법치, 시장경제라는 가치를 공유하는 유사 입장국이자, 소국 개방 경제를 보유하고 있는 양국은 다자 외교에서뿐만 아니라 교육 협력, 인적 교류, 문화·스포츠 협력 등을 통해 서로 도움을 주고받을 수 있다. **한국은 아일랜드를 EU, 미국, 영국을 이해하는 통로로 활용하고, 아일랜드는 아시아의 관문으로 한국을 활용할 수 있다.**

아일랜드의 속담에 '강하지 않은 자는 영리하여야 한다'라는 말이 있다. 이는 한국과 아일랜드 모두에 해당하는 속담으로 양국은 대외 환경에 민감하게 대응해야 하는 중소국으로서 국제 무대에서의 긴밀한 협력을 통해 보다 더 스마트해질 수 있다.

한국과 아일랜드는 중소국으로 개방 경제를 지향하고 있고, 다자주의와 자유 무역을 지향하는 공통점을 가지고 있으며, 자유 민주주의, 법치, 인권 등 가치를 공유하고 있다. 이 점에서 다자 외교 무대에서 양국은 이견 없이 대부분의 이슈에서 유사한 입장을 보이고 있는 유사 입장국으로서 긴밀히 협력하고 있다. 특히, 아일랜드는 1955년 유엔 가입 이후 우리와 미 수교국인 상황에서도 한국 측의 입장을 지속적으로 지지하여 왔다.

2019년 2월 인권 이사회 고위급 회기 계기 양국 외교 장관 회담

상기 양국의 국제 이슈 및 위기 대응에서 유사한 입장은 2020년 코로나 19 대응 과정에서도 드러났는데, 아일랜드 바라드카(Leo Varadkar) 총리는 사회 전체의 이동과 경제를 일시적으로 폐쇄하는 방식이 아니라 개방성과 투명성에 바탕을 둔 한국의 코로나 19 대응 방식이 아일랜드가 지향하는 모델이라는 점을 거듭 밝힌 바 있다.

아일랜드는 아시아에 많은 관심을 가지고 있으나 지리적으로 멀리 위치해 있고 문화적 다양성을 이해하는 데 어려움이 있을 수 있다는 점에서 한국을 적극 활용할 필요가 있고, 한국은 유럽 및 영국과의 관계 확대 및 미국을 이해하는 데 있어 아일랜드와의 소통을 통해 도움을 받을 수 있을 것으로 본다.

특히, 한반도 문제에 있어서 아일랜드는 분단 상황과 평화 과정을 경험한 유럽 국가로서 한국의 입장을 유럽연합에서 적극 피력해 줄 수 있는 대표적인 국가가 될 수 있을 것으로 기대해 본다.

양국의 무역 및 투자 규모도 지속적으로 증가세를 보이고 있는데, 특히 아일랜드에는 IT 및 제약 산업에 미 다국적 기업들이 다수가 진출해 있고, 항공기 임대 산업 및 관련 금융사업도 세계 1위에 해당한다는 점을 감안, 보다 많은 해당 분야에 대한 한국 기업의 진출이 요망된다.

현재 아일랜드에 진출하여 활동 중인 대표적인 한국 기업으로 산업은행(1997-), 기아자동차(2004-), 웹젠(2013-), SK 바이오텍(2018-), 셀트리온 헬스케어(2019-), 한화에너지(2019-) 등을 들 수 있고, 1990년대-2000년대에는 새한 미디어(슬라이고), 대한항공 콜센타(더블린), 외환은행(더블린) 등이 진출하기도 하였다.

〈한 · 아일랜드 연도별 무역 현황〉(단위: 백만 불, 한국 수출입 협회, IMF)

구분	'10	'11	'12	'13	'14	'15	'16	'17	'18	'19
무역 규모	949	1,075	1,144	1,202	1,398	1,372	1,775	1,841	1,821	1,839
무역 수지	-250	-363	-388	-464	-472	-640	-645	-455	-522	-539

아일랜드로의 주요 수출품: 보조 기억 장치, 정밀 화학 원료, 자동차 등
한국으로의 주요 수입품: 의약품, 의료용 기기 등

〈아일랜드 → 한국 투자 현황(신고 기준)〉(단위: 백만 불)

구분	'10	'11	'12	'13	'14	'15	'16	'17	'18	'19	누적
금액	326	71	268	78	448	19	297	341	311	239	4,653

누계: 對韓 투자 (' 90년-' 19년, 산업 통상부 외국인 투자 통계)

〈한국 → 아일랜드 투자 현황(신고 기준)〉(단위: 백만 불)

구분	'10	'11	'12	'13	'14	'15	'16	'17	'18	'19	누적
금액	5	689	837	39	502	0.2	22	1,521	170	433	6,625

누계: 對아일랜드 투자 (' 85년-' 19년, 한국 수출입 은행 해외직접투자 통계)

또한, 아일랜드는 여전히 도로망, 철도 등 사회 인프라 구축이 고도화되지 않아 높은 경제 성장에 제약이 있는 상황이고, 인프라 확충 계획이 지속적으로 발표되고 있다는 점을 감안하면 우리 건설업체의 아일랜드 진출도 유망하다고 볼 수 있으나, 아일랜드 토착 기업의 영향력이 높다는 점을 감안하여 영향력 있는 아일랜드 기업과의 합작 진출을 추천한다.

2020년 IMD 국가 경쟁력 지수에 따르면, 아일랜드는 63개국 중 12위를 차지하였는데, 23위를 차지한 인프라 부문을 제외하고 모든 분야가 5-13위권을 유지한 것에서 볼 수 있듯이 아일랜드 내 인프라 개발이 절실한 상황이다.

한국의 전경련에 해당하는 아일랜드 IBEC(Irish Business and Employers Confederation) 측도 공공 서비스 부족이 민간 부문 경쟁력에 부정적 영향

153
IV. 한국과 아일랜드

을 미치고 있다면서 인프라 구축을 포함 공공 서비스 확대를 적극 요청하고 있다.

또한, 아일랜드는 EU의 온실가스 배출량 감축 목표에 따라 2030년까지 1990년 대비 40%, 2050년까지 탄소 배출 중립을 달성하여야 하는 상황이나, 동 목표 달성에 회의적인 시각이 많다.

* 아일랜드 신재생 에너지청(SEAI: Sustainable Energy Authority of Ireland)의 2020년 보고서에 따르면, 2018년 자료를 기준으로 아일랜드 전력 생산은 33.2%, 교통 부문은 7.2%, 주택 난방 분야는 6.5%를 신재생 에너지원에서 조달하여 EU의 2020년 목표치(전력 16%, 교통 10%, 난방 12%)에 미달하였고, EU 27개국 중 네덜란드에 이어 최하위를 차지하였다.

이에 아일랜드 정부는 유럽연합 온실가스 감축 목표 달성을 위한 민간 부문 투자 확대 유도를 위해 2050년까지 400-500억 유로를 지원할 계획을 마련하고, 2030년까지 신재생 에너지원으로부터 발생하는 전력 목표량을 현재 30%에서 70%로 상향하겠다는 계획을 발표하였다.

특히, 아일랜드 육상 풍력 발전은 2020년까지 총 전력 소비의 약 35%, 2040년까지 약 50% 증가가 예상되며, 해상 풍력 발전의 여러 가지 이점(경제성, 친환경적, 개발 잠재성, 에너지 확보 확실성, 지역 사회 영향 최소 등)이 존재하여 그 잠재력이 높다는 점을 감안할 때, 우리 기업의 관련 분야 진출도 기대할 수 있다.

참고로, 아일랜드에는 2020년 현재 글로벌 IT 회사들이 운영하고 있는 55개의 데이터 센터가 있으며, 추가로 40여 개의 데이터 센터를 건립 중이다. 데이터 센타는 IT 산업의 가치 사슬의 첫 단계에 해당하는 것으로 아일랜드의 데이터 센타 유치 전략은 개도국이 저렴한 제조공장을 유치하는 전략과 유사하다. 그런데 이 데이터 센터 가동에 필요한 전력 수요가 높아 2028년까지 아일랜드 전체 전력의 30% 이상을 필요로 할 것으로 예상된다.

이처럼 높은 전력을 필요로 하는 다국적 IT 회사의 데이터 센터 가동은 아일랜드 에너지, 특히 신재생 에너지 전력 발전의 수요가 향후 더욱 높아질 것을 보여 주는 또 다른 요소이다.

또한 우리에게는 잘 알려져 있지 않지만, 아일랜드는 항공기 임대 산업, 관련 금융 서비스, 항공기 유지 보수 산업(MRO: Maintenance, Repair and Overhaul) 등에 강점을 가지고 있다.

항공기 임대 산업(aircraft leasing)은 1970년대에 아일랜드에서 처음 시작되었고, 지금도 세계 15대 회사 중 14개 회사(AerCap, GECAS, Avolon, SMBC, Airbus, Orix 등이 6,500-8,000대 항공기 운영)가 아일랜드를 본사로 활동 중이다. 우리나라 저가 항공사들도 아일랜드 항공 임대회사를 통해 비행기를 임대하여 활용하고 있는 것으로 알려져 있다.

그리고 매년 1-2월에는 항공기 임대 산업 금융 서비스와 관련한 국제

회의(Global Aviation Finance Conference)가 더블린에서 개최되어, 전 세계 수천 명이 참석하여 네트워크를 구축하며 많은 관련 계약이 성사되고 있다.

항공기 임대 산업 및 금융 서비스 분야에 관심이 있는 한국 업체의 적극적인 참여도 필요할 것으로 보이며, 관심 있는 학생들에게는 아일랜드 UCD(University College Dublin)나 DCU(Dublin City University) 등 대학에서 운영되고 있는 전문 교육 과정을 추천한다.

아일랜드에서는 국제금융센터(IFSC: International Finance Service Centre)를 중심으로 이뤄지고 있는 비은행 금융 거래 활동 규모가 4.4조 유로로 세계에서 6번째, EU에서 2번째를 차지하고 있는 등 유럽 내 자산 관리 허브(asset management hub)로서의 역할도 수행하고 있으며, 대부분이 아일랜드 소재 투자 펀드 회사 운영과 관련되어 있다는 점도 주목할 만하다.

아일랜드는 낮은 법인세를 부과하고, IFSC 초기 런던과 뉴욕에서 주로 이뤄지는 투자 기금의 직접 운용보다는 기금 관리에 필요한 백 오피스 산업을 육성하는 틈새시장 전략으로 성장하였으며, 투명하고 유연한 규제 제도를 적용하여 유수의 국제 금융 기관 유치하고 있다. 우리 기업들도 이러한 아일랜드 비은행 금융 거래 제도의 장점을 적극 활용할 필요도 있겠다.

또한 한국은 유럽연합과 과학 기술 협력 프로그램인 Horizon 2020,

유럽 최대 R&D 프로그램인 유레카(Eureka) 등을 통해 협력하고 있는데, **EU 회원국인 아일랜드에는 유수의 IT, 제약 분야, 의료 기기 다국적 기업들이 이미 진출하여 산관학의 유기적 시스템이 구축되어 있다는 점을 감안, 한국과 아일랜드 간 협력을 높일 필요도 있겠다.**

한국의 인천 송도, 충북 오송 등의 바이오 클러스터 육성과 관련, 미국, 싱가포르와 더불어 3대 바이오 클러스터가 이미 구축되어 있는 아일랜드의 선진 바이오 클러스터 노하우를 공유할 필요도 있으며, 이 점에서 세계적 제약 바이오 분야의 전문인력 양성 기관인 아일랜드 NIBRT(National Institute for Bioprocessing Research and Training)와의 협력은 매우 전망이 높다.

한편, 이미 아일랜드에서는 우수 핀테크 기업을 배출하고 있어 IT 분야 강국인 우리와의 협력 가능성이 높다. 아일랜드에는 유력 다국적 기업(Mastercard, Paypal, Circle, Elavon, Western Union, Stripe 등)과 토종 기업(Fire Payment, Fexco, Currency Fair, Transfer Mate 등)이 혼재되어 있으며, 약 6,500여 명이 핀테크 업종에 종사 중이다.

여러 분야 중 특히 교육 분야의 협력 잠재력도 매우 크다. 양국의 미래를 위한 젊은 층의 인적 교류도 매우 활발해지고 있는데, 특히 워킹 홀리데이 협정을 통해 매년 600여 명의 양국 젊은이들의 교류가 이뤄지고 있고, 한국에서는 아일랜드 영어 교사 700여 명이 활동 중인 것으로 알려져 있는 등 젊은 층의 인적 교류는 양국 미래의 초석이 되고 있다.

아일랜드 영어 마케팅 협회(Marketing English in Ireland)에 따르면, 2016년 기준 아일랜드는 연간 약 12만 명의 영어 어학생을 유치하여 영국, 미국, 캐나다, 호주에 이어 5번째를 차지하고 있다. 아일랜드는 여타 국가들에 비해 상대적으로 생활비가 저렴하고 치안이 안전한 것이 장점이다.

2018년 한국어를 아일랜드 고등학교 1학년 과정에 포함한 기념으로
열린 주아일랜드 여운기 대사와 리차드 브루튼(Richard Bruton) 교육부 장관 기념 행사

아일랜드의 전환학년은 2016년 한국 중학교 1학년 자유학기제 도입의 모델이 되었고, 일부 한국 지자체 교육청들이 아일랜드 더블린 교육청과 함께 교사 교환 연수 프로그램도 진행 중이며, 2018년부터 아일랜드 정부는 한국어를 아일랜드 고등학교 1학년(자유학기제) 과목 중 하나로 채택하고 있다.

점점 더 많은 한국 학생들이 아일랜드 초, 중, 고등학교, 대학 및 대학원에 입학하고 있어 양국의 교육 분야 협력은 양국 모두 원원할 수

있는 좋은 사업 분야로 보인다.

　풍부한 문화적 자산과 역량을 보유하고 있는 양국은 문화 분야에서도 좋은 협력 상대가 될 수 있다. 또한 〈왕좌의 게임〉, 〈스타워즈〉, 〈해리포터〉 등 각광을 받은 영화 및 드라마가 아일랜드에서 제작되고 있어 한국의 문화 컨텐츠 및 제작 능력을 합치면 좋은 성과를 거둘 수 있을 것으로 보인다.

* 아일랜드 내 영화 및 TV 스튜디오
- Troy(리머릭 소재): 아일랜드 내 최대 규모
- Ashford(위클로우 소재): 넷플릭스 바이킹 Valhalla 촬영지
- Ardmore(브레이 소재): 영화 〈The Last Duel〉 촬영지
- Ashbourne(미스 소재): 2021년 완공 예정

〈왕좌의 게임〉에 등장한 다크 헤지스

한편으로, 아일랜드 사회에서는 스포츠가 차지하는 비중이 매우 높다는 점을 감안, 태권도를 활용한 적극적인 공공 외교가 매우 적합한 소재가 될 수 있을 것으로 본다.

특히, 아일랜드에서는 스포츠 스타가 성공과 무관하게 으스대지 않고 겸손을 갖춘 것을 높은 미덕으로 여긴다는 점을 감안하면 예의와 정신 수양을 중시하는 우리 태권도의 저변 확대 가능성도 높다고 하겠다.

국가 간 관계에서는 사이가 좋으면 역설적으로 관심의 대상에서 멀어질 수 있다. 다툼이 있는 국가들은 그 해결을 위해 관심과 노력을 기울이지만, 잘 지내는 경우에는 집중적인 관리가 요구되지 않는다고 생각하기 쉽기 때문이다. 한국과 아일랜드의 관계가 그러하다. **우리는 이제 문화, 교육, 인적교류 등을 통해서 양국에 대한 가시성(visibility)을 더 높여 나갈 수 있는 길을 찾아 나서야겠다.**

참고 도서

I. 아일랜드 역사와 그들의 정신 세계

- The Cambridge History of Ireland Volume IV 1880 to the Present: edited by
Thomas Bartlett (Cambridge University Press, 2018)
- A brief history of Ireland: Land, People, History: Richard Killeen (Robinson
2012)
- The Naked Irish: Portrait of a Nation beyond the cliches: Clare O'Dea (Red Stag,
2019)
- Are the Irish different?: edited by Tom Inglis (Manchester University Press,
2014)
- Ireland: The Autobiography: One hundred years of Irish Life told by its people:
edited by John Bowman (Penguin Books, 2017)
- 1916: The Easter Rising: Tim Pat Coogan (Pheonix, 2005)
- The Great Irish Famine: edited by Cathal Poirteir (Mercier Press, 1995)
- We Declare: Landmark Documents in Ireland's History: Richard Aldous &
Niamh Puirseil (Quercus, 1988)
- My Name is Patrick: St. Patrick's Confessio: translated by Padraig McCarthy
(Royal Irish Academy, 2008)
- Ireland and a History: Thomas Bartlett (Cambridge University Press, 2010)
- Everybody Matters: A Memoir Mary Robinson with Tessa Robinson (Hodder,
2013)

- De Valera Volume Ⅰ Rise 1882-1932: David McCullagh (Gill Books, 2017)

- De Valera Volume Ⅱ Rule 1932-1975: David McCullagh (Gill Books, 2018)

- An Atlas of Irish History: Ruth Dudley Edwards (Routledge, 2005)

- Ireland 1912-1985 Politics and Society: J.J.Lee (Cambridge University Press, 2006)

Ⅱ. 아일랜드의 오늘

- The Cambridge History of Ireland Volume Ⅳ 1880 to the Present: edited by Thomas Bartlett (Cambridge University Press, 2018)

- Leo Varadkar-A very modern Taoiseach: Philip Ryan and Niall O'Connor (Biteback Publishing, 2018)

- Enda The Road: Nine days that toppled a Taoiseach: Gawan Reilly (Mercier Press, 2019)

- Politics in the Republic of Ireland: edited by John Coakley and Michael Gallagher (PSAI Press, 2010)

- 선거제도의 이해: 데이비드 파렐 지음, 전용주 옮김 (한울 아카데미, 2012)

- Ship of Fools: How stupidity and corruption sank the Celtic Tiger: Fintan O'Toole (Faber and Faber, 2010)

- Luck and the Irish: A brief history of change, 1970-2000: R. F. Foster (Penguin Books, 2008)

- NAMA Land: The inside story of Ireland's property sell-off and the creation of a new elite: Frank Connolly (Gill Books, 2017)

- Are the Irish different?: edited by Tom Inglis (Manchester University Press,

2014)

- The Naked Irish: Portrait of a Nation beyond the cliches: Clare O'Dea (Red Stag, 2019)

- 세계 각국의 사회협약 2장(아일랜드의 사회협약): 한국노동연구원 (2004)

- 자유학기제, 엄마가 알면 성공한다: 주지동, 이선영 (좋은땅, 2015)

- Brexit & Ireland: The Danger, the opportunities, and the inside story of the Irish Response: Tony Connelly (Penguin Ireland, 2017)

- Europe and Northern Ireland's Future: Negotiating Brexit's unique case: Mary C. Murphy (Agenda Publishing, 2018)

- The Border: The Legacy of a Century of Anglo-Irish Politics: Diarmaid Ferriter (Profile Books, 2019)

- The Tribe: The Inside Story of Irish Power and Influence in US Politics: Catriona Perry (Gill Books, 2019)

- Irish Tax Policy in Perspective: edited by Gary Tobin, Cora O'Brien (Irish Tax Institute, 2016)

- FAE Elective Business Decisions and Transaction Taxes (RoI) 2017-2018: Chartered Account Ireland (Deanta Global Publishing Services, 2017)

Ⅲ. 남북 아일랜드 평화와 통일 그리고 한반도

- Building Peace in Northern Ireland: edited by Maria Power (Liverpool University Press, 2011)

- 아일랜드 평화 프로세스: 김정노 (늘봄 플러스, 2015)

- Lessons from the Northern Ireland Peace Process: edited by Timothy J. White (The University of Wisconsin Press, 2013)

- Performing the Northern Ireland Peace Process: In defence of Politics: Paul Dixon (Palgrave Macmillan, 2019)

- Irish Nationalism and European Integration: The official redefinition of the island of Ireland: Katy Hayward (Manchester University Press, 2009)

- The Moral Imagination: The Art and Soul of building Peace: John Paul Lederach (Oxford University Press, 2010)

- A Shared Home Place: Seamus Mallon with Andy Pollak (The Lilliput Press Dublin, 2019)

- Brokering the Good Friday Agreement: the untold story: edited by Mary E. Daly (Royal Irish Academy, 2019)

- Journal of Cross Border Studies in Ireland: Volume 14 (Centre for Cross Border Studies, 2019), Number 5(Centre for Cross Border Studies, 2010)

- The Border: The Legacy of a Century of Anglo-Irish Politics: Diarmaid Ferriter (Profile Books, 2019)

- Transforming conflict through social and economic development: Practice and policy lessons from Northern Ireland and the Border Counties: Sandra Buchanan (Manchester University Press, 2014)

- Division and Consensus: The Politics of cross-Border relations in Ireland, 1925-1969: Michael Kennedy (Institute of Public Administration, 2000)

- Irish Nationalism and European Integration: The official redefinition of the island of Ireland: Katy Hayward (Manchester University Press, 2009)

- Northern Ireland and the Irish Constitution: Pragmatism or Principles?: The McGimpsey Case: Rory McGimpsey (Dublin Institute of Technology, 2010)

- Irish Studies in International Affairs: Special focus: Reflection on the Northern Ireland Conflict and Peace Process (Royal Irish Academy, 2017)

- Great Hatred, Little Room: Making Peace in Northern Ireland: Jonathan Powell (Vintage Books London, 2009)
- How the Peace was won: Brian Rowan (Gill & Macmillan, 2008)
- One Man, One God: The Peace Ministry of Fr Reid C. Ss. R.: Martin McKeever C. Ss. R. (Redemptorist Communications, 2017)
- Gerry Adams: An unauthorised Life: Malachi O'Doherty (Faber & Faber, 2017)
- Sunningdale: The Search for Peace in Northern Ireland: Noel Dorr (Royal Irish Academy, 2017)
- Decommissioning and the Peace Process: Where did it come from and why did it stay so long?: Eamonn O'Kane (Irish Political Studies, March 2007)
- Cooking the Fudge: Constructive Ambiguity and the Implementation of the Northern Ireland Agreement, 1998-2007: David Mitchell (Irish Political Studies, September 2009)
- All in a life: Garret Fitzgerald An Autobiography (Gill and Macmillan, 1992)
- A Secret History of the IRA: Ed Moloney (Penguin Books, 2007)
- Managing a Peace Process: An Interview with Jonathan Powell(2010), Irish Political Studies, Vol. 25, No. 3, 434-455, September 2010: Graham Spencer
- John Hume in America from Derry to DC: Maurice Fitzpatrick (Irish Academy Press, 2017)
- Making Peace: George J. Mitchell (Alfred A. Knopf, 1999, 킨들버전)
- Inside Accounts Volume Ⅰ, Ⅱ: The Irish Government and Peace in Northern Ireland, from Sunningdale to the Good Friday Agreement(Volume Ⅰ), from the Good Friday Agreement to the Fall of Power-sharing(Volume Ⅱ): interviewed by Graham Spencer (Manchester United Press, 2020)
- A Journey: Tony Blair (Arrow Books, 2011)

- 아일랜드 평화프로세스와 한반도: 탈분단경계연구총서 02: 신한대학교 탈분단
경계문화연구원 엮음 (율력, 2019)
- The Mediator: A Biography of Martin Ahtisaari: Katri Merikallio and Tapani
Ruokanen (Hurst & Co., 2015)

IV. 한국과 아일랜드

- No Foreign Bones in China: Memoirs of Imperialism and its Ending: Peter
Stursberg (The University of Alberta Press, 2002)
- Irish Casualties in the Korean War 1950-1953: James Durney (2014)
- Ireland: A voice among the Nations: John Gibney, Michael Kennedy, Kate
O'Malley (Royal Irish Academy, 2019)
- The Splendid Cause 1933-1983: Fifty Years of Columban Outreach to the
Korean People: Columban Fathers 1983 Jeremiah F. Kelly SSC (1983)
- Mission in an Era of Change: The Columbans 1963-2014: Padraig O Murchu
SSC (Red Hen Publishing, 2014)
- Companions on a Journey: The story of the Columban Sisters'Mission to Korea
1955-2010: Mary McHugh (Veritas, 2011)
- William George Aston in Korea: Kevin O'Rourke (Red Hen Publishing, 2016)
- A Short History of the Saint John of God Brothers in Ireland 1950-2010:
Laurence Kearns OH (Saint John of God Provincial Curia, 2019)
- Patrick McGlinchey Isidore: The Miracle of Jeju, Korea: Young Chul Yang
(Publishing & Company, 2017)
- Documents on Irish Foreign Policy Volume IX 1948-1951 (Royal Irish Academy,
2014)
- 3. 1 운동 100주년 총서: 4. 공간과 사회: 한국역사연구회 3. 1 운동 100주년기획

위원회 엮음 (Humanist, 2019)

- 백범일지: 백범 김구 자서전: 도진순 주해 (돌베개, 2019)

아일랜드
그곳이 알고 싶다

ⓒ 곽삼주, 2020

초판 1쇄 발행 2020년 11월 9일

지은이　　곽삼주
펴낸이　　이기봉
편집　　　좋은땅 편집팀
펴낸곳　　도서출판 좋은땅
주소　　　서울 마포구 성지길 25 보광빌딩 2층
전화　　　02)374-8616~7
팩스　　　02)374-8614
이메일　　gworldbook@naver.com
홈페이지　www.g-world.co.kr

ISBN　979-11-6536-980-4 (03300)

이 도서의 국립중앙도서관 출판예정도서목록(CIP)은 서지정보유통지원시스템 홈페이지(http://seoji.nl.go.kr)와 국가자료공동목록시스템(http://www.nl.go.kr/kolisnet)에서 이용하실 수 있습니다. (CIP제어번호 : CIP2020046724)